民航高校研究生教育研究与实践

雷晶晶　著

西南交通大学出版社

·成　都·

图书在版编目（CIP）数据

民航高校研究生教育研究与实践 / 雷晶晶著.
成都 ：西南交通大学出版社，2025. 5. -- ISBN 978-7
-5774-0415-8

Ⅰ. F562

中国国家版本馆 CIP 数据核字第 2025S1U825 号

Minhang Gaoxiao Yanjiusheng Jiaoyu Yanjiu yu Shijian

民航高校研究生教育研究与实践

雷晶晶　著

策 划 编 辑	何明飞　罗爱林　罗小红
责 任 编 辑	罗爱林
责 任 校 对	张地木
封 面 设 计	GT 工作室
出 版 发 行	西南交通大学出版社 （四川省成都市金牛区二环路北一段 111 号 　西南交通大学创新大厦 21 楼）
营销部电话	028-87600564　028-87600533
邮 政 编 码	610031
网　　　址	https://www.xnjdcbs.com
印　　　刷	成都勤德印务有限公司
成 品 尺 寸	170 mm × 230 mm
印　　　张	11.75
字　　　数	201 千
版　　　次	2025 年 5 月第 1 版
印　　　次	2025 年 5 月第 1 次
书　　　号	ISBN 978-7-5774-0415-8
定　　　价	56.00 元

在全球化进程加速与科技革命深度演进的背景下，民航业作为国家战略性产业，其高质量发展已成为推动经济社会转型升级、提升国际竞争力的关键力量。这不仅要求民航技术装备的自主创新与国际接轨，更亟须构建与之匹配的高层次人才培养体系。在此背景下，民航高校作为培养民航领域专业人才的摇篮，其研究生教育质量的提升对于支撑交通强国战略、服务国家经济社会发展具有不可替代的作用。

本书以习近平新时代中国特色社会主义思想为指引，深入洞察高等教育的发展规律，紧密贴合新时代民航业发展的新要求，致力于探寻一条既顺应国际潮流又独具中国特色的民航高校研究生教育发展之路，为培育具备国际视野、创新精神与实践能力的高层次民航人才，提供坚实的理论支撑与切实可行的实践指导。首先系统回顾了我国研究生教育、民航行业及民航研究生教育的发展历程，揭示了不同历史阶段民航人才培养的特点。在此基础上，结合当前民航业发展趋势，创新性地提出了新时代民航业对高层次专业技术型人才、科技创新型人才、跨学科复合型人才以及国际化人才的迫切需求，强调了研究生教育在满足这些需求中的核心地位。通过对民航高校研究生教育现状的深入调研与分析，本书指出，随着社会经济的快速发展、"一带一路"倡议的深入实施以及交通强国战略的全面推进，民航高校研究生教育正面临着前所未有的发展机遇；同时也面临着教育资源分配不均、创新能力培养不足、国际化水平有待提升等挑战。在此关键发展阶段，如何把握机遇、应对挑战，成为民航高校研究生教育亟待解决的问题。基于对课程教学、导师指导、实践创新能力培养、科研创新能力培养、质量评价等关键培养环节的系统研究，结合国外民航高校的先进经验，本书提出了一系列具有针对性和可操作性的发展路径，包括明确培养目标，强化行业适配性；优化课程体系，提升教学质量；强化师资队伍建设，保障培养质量提升；加强产教融合，强化应用创新能力培养；注重科教融汇，提升科研创新水平；完善质量评价体系，促进全面发展。

尽管本书在民航高校研究生教育发展路径的探索上取得了一定成果，但仍存在一些不足之处。对于民航业未来技术发展趋势的预测可能存在局限性，对人才需求的分析不够全面；在比较分析国外民航高校经验时，可能因信息获取渠道、文化差异、制度环境等因素影响，导致部分结论的普适性有待验证。此外，对于如何有效整合校内外资源，形成协同育人机制，本研究虽有所涉及，但具体实施策略尚需进一步深化。

未来，民航高校研究生教育的发展应更加注重以下几个方面：一是加强前瞻性研究，紧跟民航业技术发展趋势，动态调整人才培养目标与方案；二是深化国际合作与交流，提升国际视野，培养国际化人才；三是强化产学研用深度融合，构建开放共享的协同育人平台；四是完善质量保障体系，建立多元化、全过程的质量监控与反馈机制。通过实施上述举措，推动民航高校研究生教育迈向更高水平，为民航强国建设提供坚实的人才支撑与强大的智力保障。

本书由雷晶晶负责策划组织。赵欣、刘国春、曹怀春先后参与本书部分内容的编著和校稿工作，为本书编著付出大量心血。赵欣教授凭借深厚的学术积淀与丰富的工作经验，主导了全书框架构建，在关键章节撰写中展现出前瞻性学术视野；刘国春教授承担书中路径探索的思路构建任务，更结合工作实践经验，为质量建设实操路径提供鲜活灵感；曹怀春助理研究员在统稿阶段彰显卓越学术判断力，先后组织多轮系统性修订，确保学术表述的严谨性与逻辑架构的完整性。在此，谨向三位致以衷心感谢。

著　者

2025 年 4 月

CONTENTS **目 录**

导　论

1.1　研究背景与意义

1.1.1　挑战与机遇并存的民航业向高质量发展转型

当今世界进入新的动荡变革期，全球经济、科技、文化、安全、政治格局等不断调整，不确定、不稳定性因素相互交织，在百年未有之大变局下，民航业正面临着前所未有的挑战。民航业的蓬勃发展不仅可以极大地促进我国各地区之间的经济流动，而且可以进一步激发消费市场活力，与国民经济发展息息相关。而今大国博弈日益加剧，国际贸易摩擦不断，地缘政治关系紧张，全球经济波动，出口减少、国际贸易大幅降低，投资愈发谨慎、消费市场打开缓慢，这些均给中国民航业带来极大的挑战。

在国际民航竞争逐渐加剧的背景下，国内外航空公司之间的竞争日益激烈，尤其是在国际航线上的竞争更为突出。安全是民航业的生命线，坚持安全发展是民航业发展的基本原则之一，也是最重要的前提之一。随着民航业的迅猛发展，国际影响力与竞争力与日俱增，安全管理面临严峻挑战：政治安全风险不断，生物威胁持续存在，新型技术的应用，人为风险隐患复杂。随着全球气候变化加剧，减少温室气体排放已成为国际社会的共识。基于全球气候变化的严峻形势以及中国作为负责任大国的国际担当，中国提出碳达峰、碳中和。为实现这一目标，中国政府出台了一系列政策措施，面对环保越来越高的要求，民航业面临着巨大的压力，实现节能减排要求，推动绿色航空发展，也是目前民航业面临的巨大挑战。

机遇与挑战并存。随着大众出行需求逐渐增加，民航业迎来新的曙光，这为民航业提供了更广阔的市场空间和发展机遇。

据统计，2023 年全行业完成旅客周转量 10 308.98 亿人公里，比上年增长 163.4%[1]。随着国民经济水平的逐渐增长，生活需求逐渐提升，加之国家对旅游等消费政策进一步释放，《国内旅游提升计划（2023—2025年）》《关于释放旅游消费潜力推动旅游业高质量发展的若干措施》等文件相继出台，进一步推动旅游消费，中国旅游市场呈现出更加多元化、个性化的消费趋势。这些均进一步促进了人员流动，使国内外航线恢复与增加。据统计，2023 年，我国共有定期航班航线 5 206 条，国内航线 4 583条，相比 2022 年增长 5.7%。其中，港澳台航线 65 条，是 2022 年的 2.4倍，国际航线 623 条，是 2022 年的 1.85 倍[1]。这无疑为民航业的发展带来了新的增长机遇。

为加快国际航班的恢复速度，政府积极推动国际航线的开放和增加，以及积极扩大与共建"一带一路"国家航权安排，并且优化签证和出入境政策，提高通关便利化水平，进一步提升民航业的国际化增长水平，为我国民航业的发展提供了更多的市场机会。工业和信息化部联合科技部、民航局等四部门印发的《绿色航空制造业发展纲要（2023—2035 年）》，为绿色航空制造业的发展提供了明确的目标、重点措施、政策支持和实施路径，旨在推动我国航空制造业向绿色化、智能化、高端化方向发展，进而推动我国民航业的进一步发展。[2]

当今世界日新月异，科技进步与创新为民航业的发展提供诸多机遇。涌现出众多新型飞机，如国产大飞机 C919 与 ARJ21，其设计与制造理念、材料选用、制造技术、智能化水平以及环保方式使飞机设计与制造水平不断提高，更环保的飞机型号和更先进的飞行控制系统，提高了航空运输的安全性和效率，同时降低了碳排放，既满足了民航业的发展需求，又实现了碳达峰、碳中和的环保要求；更多智能化技术如 AI 技术、大数据等在航空业的应用不断深化，可进一步提升飞机设计与制造水平、完善飞行控制、优化航班调度、提高服务质量等，将进一步增强航空公司的竞争力。

随着航空公司数量的不断增加，市场竞争日益激烈。这促使各个航空公司必须通过提升自身的服务质量、优化航线网络、加强品牌建设等多种方式来争夺市场份额，这将逐渐提升我国民航业思维发展水平。并且航空公司之间的合作方式也日益多样化，如代码共享、联程运输等，这些合作方式有助于共享资源、降低成本、提高效率，共同推动我国民航业的发展。

跨境电商业务蓬勃发展，促进了国际贸易的快速增长。政府层面出台了一系列支持跨境电商和航空货运发展的政策措施，包括扩大跨境电商综合试验区试点范围、研究制定支持跨境电商航空物流高质量发展相关措施等。民航业与跨境电商企业加强合作，共同推动航空货运市场的发展，支持与跨境电商企业开展深度合作，从设施资源配置、航线网络布局等多方面对接跨境电商企业发展需求。跨境电商的快速增长直接带动了航空货运需求的提升。据相关统计，跨境电商平台如拼多多（TEMU）、希音（SHEIN）等在海外的快速布局，极大地提高了对国际货运的强劲需求。据不完全统计，这些跨境电商平台每天出口的航空货量不低于 5 000 吨，显著推动了航空货运市场的增长。

总之，民航业当前正处于恢复增长的关键时期，虽然面临诸多挑战，但总体趋势向好。随着市场的进一步复苏和相关政策的支持，民航业将迎来大发展。我国民航正处于全面建设多领域民航强国的起步阶段，要求民航把握住新一轮科技革命和产业变革的战略契机，强化科技自立自强和创新引领，深化体制机制改革，积极应对资源环境约束，加快推进民航质量变革、效率变革和动力变革[3]。

1.1.2　民航业高质量发展对高水平人才的迫切需求

目前，我国已然成为民航大国，运输规模持续增加，且已达到相当高的水平，但仍然面临成本高、效益不高等问题，这意味着民航业需要从追求规模增加的外延式发展转向注重效益的质量发展，而民航强国建设新阶段要求民航加快向高质量发展转型[3]。这一转型体现在多个方面：

（1）牢固树立安全发展的理念。安全是民航的生命线，是一切发展的基础，在民航业高质量发展的过程中，始终高度重视安全发展的理念，将安全作为一切发展的基础和前提。铸牢安全保障基础，优化安全管理体系，完善适航审定和运行评审体系，提升网络安全水平，切实强化安全责任制落实，加强人员资质能力建设，深入开展隐患排查整治，开展风险防控预警，提高人员应急处置能力，加强安全监管力度，确保民航业安全发展。

（2）全面拉动市场需求。市场需求是民航发展的动力，需要统筹扩大内需和供给侧结构性改革，平衡两者之间的平衡点，以扩大国内市场需求为战略基点，提升服务质量，丰富服务内容，增加航班产品，增强个性化服务，提升出行人员体验感，吸引更多游客出行；增加机场建设，扩大航线网络布局，优化机票定价规则，平衡需求人员分布，提高飞机出行的覆盖率等，以此挖掘国内市场新的增长点，推动国际市场加快恢复，进而扩大内需。优化资源配置，提高供给效率，推动产业链、供应链自主可控，创新服务模式，以此进行供给侧结构性改革。统筹扩大内需和供给侧结构性改革，以实现经济的持续健康发展。

（3）着力提升行业发展品质。提升品质是民航业高质量发展的关键，高质量发展的前提是具备良好的品质。品质的提升体现在方方面面，以人民为中心，以提升民众体验感为核心，完善机场基础设施，优化服务流程，完善服务质量监管体系，加强服务单位监管力度，建立健全旅客投诉机制，提供特殊群体出行设施，保障服务高效、便捷。提升品质更好地满足人民群众日益增长的航空运输需求，保障民航业高质量发展。

（4）强化科技创新引领。科技创新是推动民航业高质量发展的重要驱动力，体现在民航发展的每个环节。提升航班的运营效率，通过大数据分析，可以更直观地预测航班的需求，以此来优化航线规划，减少延误；基于机器学习加强飞机的故障预警，进行预测性的维护，延长设备的使用寿命；改善乘客的体验，通过人脸识别、智能语音等实现快速登机、航班动态提醒等，通过大数据分析，提供完善的个性化服务等；促进绿色发展，提高节能减排技术，增加智能能源管理系统，以减少能耗、碳排放和噪声污染等；增强安全保障，高科技创新产品的应用可实时监控安全隐患并及时处理，提升飞行安全；推动智慧机场的建设，信息化产品的应用以及智能巡检机器人的引入，可协助人工巡检，提高机场的运行效率和管理水平；促进产学研用合作，以科技创新为纽带，构建以企业为主导、产学研用合作的民航产业技术创新战略联盟，促进科技人员流动，创新链、产业链的有机衔接，推动科研成果的转化和应用。

（5）践行绿色发展理念。绿色发展是民航业高质量发展的重要方向，民航业须明确绿色发展目标，基于国家碳达峰、碳中和目标和行业总体规划，制定具体的绿色发展战略规划，通过专项规划进一步细化绿色发展的具体路径和措施。优化航线网络与机场布局，提高航班运行效率，降低能源消耗和碳排放；新建、迁建和改扩建机场时，应充分考虑生态环境保护要求，避免对生态环境造成破坏；推动绿色产品的研发与应用，加快航空燃料、高效节能的航空器和机场设备投入使用，减少噪声污染，实施生态修复，维护生物多样性；强化政策引领，完善制度体系，加强监管力度，确保各项环保措施得到有效执行。

（6）深化国际合作交流。国际合作是民航业高质量发展的重要支撑，通过加强国际合作与交流，民航业可以不断拓展国际航线，提升服务质量，推动技术创新与产业升级，通过引进国际先进技术和管理经验，推动民航业技术创新与产业升级，实现资源共享和优势互补；通过与国际民航组织等国际机构的合作，加强安全监管信息的共享与交流，提升全球民航安全水平，同时参与国际安全标准的制定与实施，有助于推动国内民航安全监管体系的完善和提升；开拓新兴市场与促进经济合作，通过国际合作与交流，中国民航业可以在国际舞台上展示自身实力和发展成果，提升国际影响力和知名度，参与国际规则的制定与实施过程。通过增强国际话语权，中国民航业可以更好地维护自身利益和推动全球民航业的可持续发展。

随着全球航空业的快速发展，高素质高层次民航专业型人才对我国民航向高质量发展转型有着举足轻重的作用《"十四五"民用航空发展规划》指出：打造民航创新型、技术技能型和国际化人才队伍，支撑行业高质量发展[3]。

人才是安全与发展的核心保障。随着航空业科技创新水平的不断提高，对于飞行员、空管人员、机务人员以及飞机制造工程师等关键岗位人员的专业素养和专业能力水平提出了更高的要求，不仅需要具备扎实的专业技术知识、全面的专业知识体系以及系统的专业能力培养，更重要的是具备较高的思想道德水平与职业素养，高度的责任心，敏锐的洞察力以及应对突发事件的能力和解决复杂问题的能力。

人才是科技创新的推动力量。近年来，随着智慧民航、数字化建设、新能源飞机研发应用等领域的快速发展，大量具备创新思维、掌握先进技术的高水平复合型人才成为科技创新的基础保障。他们能够通过技术创新和模式创新，推动民航业在运营效率、服务质量、节能减排等方面显著提升。

人才是国际化战略的重要支撑。随着全球航空市场的竞争加剧和我国"一带一路"倡议的深入推进，民航业需要更多具备国际视野、跨文化交流能力和国际竞争力的高水平人才。他们能够在国际航空运输市场中发挥重要作用，在国际航空交流上具备更多的发言权，推动我国民航业与国际接轨，提升国际影响力。

人才是产业融合的催化剂。在航空物流、低空经济、通用航空等新兴领域，民航业需要与其他产业进行深度融合和协同发展。高水平人才能够利用自身的专业知识和技能优势，促进不同产业之间的资源共享和优势互补，推动形成新的经济增长点。

人才是教育与培训体系完善的促进者。为了培养更多符合行业需求的高水平人才，民航院校和相关培训机构需要不断优化课程设置、教学方法和师资队伍，加强与行业企业的合作与交流，共同构建适应民航高质量发展的人才培养体系。

由以上分析可知，民航业的高质量发展对于高水平人才的需求是迫切的、多方面的。民航教育起步较晚，发展至今，培养层次呈现多样化，主要包含本专科教育和研究生教育，而研究生教育作为民航高等教育体系的重要组成部分，主要为民航行业输送大量德智体美劳全面发展的高素质、高水平人才，其培养质量直接关系到民航业的未来发展和竞争力。同时，随着民航业对人才需求的不断变化，传统的研究生培养模式已难以满足行业发展的需要。因此，探索民航高校研究生培养的新路径，提高研究生的综合素质和实践能力，满足民航业的人才需求，成为当前民航高校亟待解决的重要问题。

因此，依据当今民航业的发展现状以及研究生培养的特点，深度结合行业需求，深入探索民航高校研究生培养的路径意义重大，对民航院校研究生的培养有着广阔的应用前景，有助于深刻理解高等教育的理论意义，明确研究生教育各个环节的培养规划与安排；有助于提升民航高校研究生的综合素质和实践能力，为民航行业培养更多高素质的专业人才，推动民航行业的持续健康发展；有助于提升民航高等教育发展水平，解决行业关键性和高层次的人才供给缺口，为民航强国战略提供智力支持。最重要的是，可以为社会输送更多具有创新精神和实践能力的高素质人才，为国家的科技进步和社会发展作出贡献，为民航高校研究生的培养提供理论支持和实践指导。

1.2　研究内容框架结构

1.2.1　民航高校研究生教育的发展概况

1978 年，中国研究生教育恢复招生，标志着我国高等教育进入了一个新的发展阶段。如今，我国的研究生教育不断发展壮大，政府出台了一系列政策文件，如《关于深化研究生教育改革的意见》等，推动研究生教育走上内涵式发展之路。从扩张规模的外延式发展逐渐到保障质量的内涵式发展，我国研究生教育经历了学位制度和研究生培养体系的建立，教育制度持续健全，培养体系不断优化，教育质量保障体系逐渐完善等不同的改革阶段。随着国家经济的快速发展和高等教育改革的深入，研究生教育将处于举足轻重的地位。

新中国成立后，民航业在百废待兴的背景下艰难起步。受到国内外环境等多种因素的影响，民航业发展较为缓慢，这与国家发展形势紧密相关，历经艰难困苦时期。随着国家不断发展壮大，以及改革的深入，民航运输总周转量快速增长，国际地位显著提升。随着民航业的快速发展和高等教育改革的推进，民航业对高层次人才的需求日益迫切，在科技创新覆盖大部分领域的国际发展背景下，民航业的高质量离不开专业技术强，职业素养高的创新型、复合型人才。民航业的研究生教育起步较晚，且培养高校较少，面对行业的人才缺口，研究生的规模正在逐年递增，同时培养质量也在逐步提升。结合民航业的特点和发展需求，形成了一批具有鲜明特色的研究生学科专业和研究方向，明确办学定位与培养目标，优化培养内容与方法，完善教育管理与质量保障体系，推动产教融合、科教融汇，加强国际化交流，提升国际影响力与竞争力，不断推动研究生教育改革。

1.2.2　民航高校研究生教育的现状分析以及面临的机遇与挑战

近年来，随着国民经济水平不断提升，民航业快速发展，民航高校研究生教育规模不断扩大，招生人数逐年增加，培养层次逐渐完善，培养方式逐渐多元，教育结构不断优化，学科生态逐渐完善，形成了以工为主，理、工、文、管等多学科协调发展的研究生学科生态体系。民航高校不断加强科研创新平台建设，增加专业实践基地数量，持续推进校企协同育人模式，为研究生提供良好的学术环境以及实践锻炼机会，使研究生的就业率普遍提高，就业领域拓宽。

在百年未有之大变局下，民航高校研究生面临着各种机遇与挑战。随着全球经济的复苏和民航业的快速发展，对高素质、专业化的民航人才需求持续增长。国家对民航业的高度重视和一系列支持政策的出台，为民航高校研究生教育提供了有力保障。随着国际合作的加深和民航国际航线的增多，对具备国际视野和跨文化交流能力的民航人才需求增加，为民航高校研究生教育提供了更多国际合作和交流的机会。而随着研究生培养规模的逐渐扩大，民航研究生的培养也面临着诸多挑战。如何在扩大规模的同时保障培养质量，如何根据行业需求调整培养方案、优化学科结构、提高人才培养的针对性和实效性，如何营造浓厚的学术氛围、吸引优质教育资源、提高研究生培养质量，如何根据不同的培养目标进行分类培养，等等，都是目前民航高校研究生培养急需解决的问题。把握机遇，直面挑战，如何更好地进行研究生教育改革，是本研究的重要内容。

1.2.3　民航高校研究生培养各环节的规划布局

民航高校研究生的培养需紧密结合民航业的发展现状以及民航业的人才需求，融合办学特色，优化培养模式。民航高校研究生的培养环节主要包含研究生日常管理、课程教学、科研实践、专业实践、学位论文等多个方面，需要学校、导师、教师、辅导员、学生以及社会各界的共同努力和支持。以立德树人为根本任务，建立健全思政育人体系，加强思想政治理论课建设工作，落实导师立德树人职责，提升研究生思想道德水平，加强学术道德教育和学风建设；完善课程教学体系，规划调整课程设置，优化知识结构学习，改革教育教学方式，推进课程教学改革；完善导师管理制度，严格导师遴选要求，加强导师培训，创新导学模式；建立健全产教融合、科教融汇机制，强化创新能力培养，搭建学术交流平台、增大科研项目支持力度，增加实践课程融入，加强实践基地建设，推进校企协同育人机制，支持创新创业大赛；严格学位论文阶段性审查流程，完善学位论文送审细则，加强学位论文质量监控。要不断完善思政教育体系、课程教学体系、产教融合、科教融汇育人机制以及把控学位论文质量等措施，以培养出更多高层次、复合型、创新型，具有国际竞争力的人才。

1.2.4　民航高校研究生培养的质量评估及国际化分析

完善民航高校研究生培养质量评估体系是保障研究生培养质量的重要途径。这一体系不仅关乎研究生个人能力的提升，也是民航高校研究生培养质量提升的方向，将直接影响民航业的整体发展水平和竞争力。民航高校研究生培养质量评估体系是一个系统工程，需要从多个方面入手进行综合考虑和规划。首先，需要明确民航高校研究生培养目标和期望值。主要标准应当包括学术水平、实践能力、创新思维、职业道德等多个维度，以确保评估的全面性和准确性；同时，这些标准还应与民航业的实际需求紧密结合，确保培养出的研究生能够满足行业的实际要求，增加适配。其次，建立多元化评估方法。除了传统的考试和论文评价，还应引入项目实践、案例分析、模拟演练、同行评审、自我评估等多种方式，以更加直观地展现研究生的实际能力和潜力，有助于发现潜在的问题和改进空间。再次，建立长效评估与反馈机制。以便及时了解研究生在学习和科研过程中遇到的问题和困难，为他们提供及时的指导和帮助，也有助于学校及时发现教学中的不足，及时调整和优化教学计划。最后，建立激励与约束机制。可以设立奖学金、优秀论文奖等激励措施来表彰优秀的研究生和教师；同时，也可以建立严格的考核机制来约束研究生和教师的行为，确保他们按照既定的目标和要求完成培养任务。

国外民航研究生教育起步较早，且发展较快，本研究以典型的几所国外民航高校研究生培养为例，深入研究其培养特点，并结合我国高等教育发展特点以及民航业发展需求，借鉴其合适的经验，为我国民航高校研究生教育改革提供理论支持。

1.3　研究创新与特色

1.3.1　研究创新

本研究立足于交通强国与民航高质量发展转型的目标，充分理解和把握习近平新时代中国特色社会主义思想，以推动高质量发展为主题，以深化供给侧结构性改革为主线，以改革创新为根本动力，锚定新时代民航强国战略目标，重新审视民航高校研究生培养模式与民航业发展需求的适配度与契合度，并探索出新的培养路径。本研究首先对我国民航高校研究生教育的相关理论进行深入分析，并通过走访多处行业相关单位进行大量调研、专家咨询等方式，及时了解行业对人才的需求变化，明确办学定位和培养目标，与相关高校进行交流，借鉴其在研究生培养方面的经验做法，从而为我国民航高校不断调整和优化培养方案，完善课程教学环节，加强导师队伍建设，建立健全产学研深度融合机制，创新评价体系与激励机制提供借鉴。同时，本研究还借鉴国外研究生培养模式，从新颖的视角出发，深入探索民航高校研究生培养模式的改革，以加快民航高质量发展目标达成，奋力开启民航强国建设新征程。

1.3.2　研究特色

本研究立足于国家发展战略要求，紧密围绕民航业发展的实际需求展开，探索与研究民航高校研究生培养模式的改革路径，坚持将发展民航优势、凸显民航特色、服务民航业这一理念，贯穿于研究生培养的各个环节：探索与完善本研一体化的培养模式，强化行业背景的重要性，加强补修课程的设置，以公共学位课程设置为基础，强化专业素养课程、民航特色课程，促进教学模式创新；强化科研实践教学，注重创新能力培养，强化校企合作的重要性，探索校企协同育人模式；打破传统学科界限，促进学科交叉融合，发展优势学科，强化特色学科，巩固基础学科；推动国际交流合作，拓宽研究生国际视野，提升国际竞争力；构建多元评价体系，完善评价反馈机制，实现研究生全方位发展；充分借鉴和吸收国内外高校的建设经验和理论总结，结合民航业发展现状以及研究生培养特点，总结民航高校研究生培养路径研究。

2

民航高校研究生教育的理论研究

研究生教育是一种继本科教育之后的高等教育阶段，是目前高等教育的最高层次，主要分为硕士研究生教育和博士研究生教育两个阶段。民航是技术密集型产业，对专业要求较高，因此民航高校具有双重属性，即高等教育属性和职业培训属性。民航高校的教育类型大致分为四类，主要是民航培训教育、专科教育、本科教育以及研究生教育。随着我国经济由高速增长阶段转向高质量发展阶段，民航教育层次呈现出多样化特征，且规模分布也呈现出新的局面，由最开始的培训教育为主，发展至专科教育为主，到如今的本科教育为主，研究生教育规模逐年增加。2010年至今，民航高校研究生招生规模、在校生人数以及毕业生人数情况如图2.1所示。

从图2.1中可以看出，民航高校研究生招生规模2010—2014年持续上升，在2015年开始出现下降，一直持续到2017年，自2018年开始，研究生招生规模出现大幅度上升，且上升速率较快。这是由于2015—2017年，中国经济正处于转型升级的关键阶段，经济增速有所放缓，经济结构的调整影响了社会对高学历人才的需求，进而影响学生的考研热情和选择。同时国家政策也有一定的调整，强化研究生的培养质量。因此，部分高校出现缩减规模的情况。自2018年开始，国家加强了对研究生教育的重视程度，民航局等相关部门也出台了一系列政策措施来推动民航高校的研究生教育发展，加大了对民航研究生教育的投入、优化招生结构、提高教育质量等。随着社会以及民航业的发展，对高层次人才的需求也逐渐增加，使民航高校研究生招生规模迅速增大，在校生和毕业生人数也随之增加。

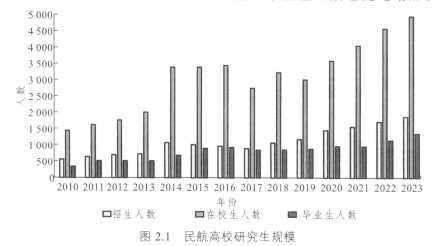

图 2.1　民航高校研究生规模

2.1　研究生教育的发展历程

2.1.1　起步阶段（1949 年之前）

清朝末期，面对内忧外患，清政府为了挽救民族危机和生存挑战，进行了一系列的改革，主要涉及政治、经济、军事、文化教育及社会习俗等多个方面。其中，教育改革是最重要的部分之一，废除了存在一千多年的科举制度，结束了以八股文取士的历史，推行新式教育，设立学堂和大学，培养现代化人才，沿用科举学位体系；同时，鼓励留学教育，派遣学生到国外学习先进知识和技术，对学堂毕业生和归国留学生给予一定的科名。随着西方列强的入侵和西方文化的传播，西方现代教育思想逐渐传入中国，对传统的教育模式产生了冲击，一些有识之士开始认识到研究生教育的重要性，并积极倡导在中国建立研究生教育制度。随之，我国学习西方模式逐渐建立起来研究生教育制度和学位制度，但是研究生的培养规模很小。随着近代工业和科技的发展，社会对高层次、专业化人才的需求日益增加，使传统的高等教育逐渐向现代化的高等教育转型，催生出近代研究生教育。蔡元培时任北京大学校长，非常注重科学研究，于1918年在北京大学成立研究所，并出台《北京大学研究所总章》，并开始进行研究生招生。自此，我国的研究生教育才开始落地实施。

（1）研究生教育制度逐步完善。1934年教育部正式公布《大学研究院暂行组织规程》，详细规定了大学研究院的设立条件、组织管理以及研究生的招生、学业年限、毕业要求、资助制度等各项事宜[4]。这标志着我国的研究生教育制度开始逐步建立并完善。次年，国民政府颁布《学位授予法》和《学位分级细则》，仿照美国模式正式建立起了三级学位制度。随后相继颁布《硕士学位考试细则》《博士学位评定会组织条例》《博士学位考试细则》等法令条款，明确规定了获得学位的学业要求[5]，标志着研究生授予学位更加标准化，也进一步说明我国的研究生教育制度及学位制度基本完善，我国的研究生教育向更加规范化的方向发展。

（2）招生方式逐步多样化。最开始，我国研究生教育均未建立招生制度，各大高校自主招生，依据本校的需求以及办学的方向来制定招生规则。随后，根据研究生教育的发展情况以及大学设置条件的变化，为了进一步加强教育管理，政府对招生要求有所限制，报考研究生者必须为国立、省立及立案的私立大学与独立学院的毕业生或是国外大学本科毕业者，且须通过入学考试，及格者才得以录取[5]。自此，我国的研究生教育招生从自由的自主招生发展到严格的入学考试，标志着招生制度的不断探索与完善。

（3）培养模式逐渐优化。我国的研究生教育一开始就明确了纯学术研究的价值取向，希望研究生教育可以培养学术研究人才，促进我国的学术发展。教学内容主要以基础学科为主，就业去向多为高校和科研机构。起初的培养模式遵循自由选择，学生在入学之初即可自己选择导师，根据自己的学术基础以及兴趣爱好自行选择研究方向，如需多位导师共同指导，也可自行选择，较为注重导学关系培养，更加注重培养研究生个人的自学能力。随着研究生规模逐渐扩大，研究生培养模式不断优化，逐渐采用课程教学与学术研究相结合的方式，强化理论学习、外语学习以及专业素养的培养，并以学分制进行考核，根据各高校的培养特点，明确最长修业年限。可见，研究生的培养模式一直在不断调整优化，试图寻找更适合我国发展的一种研究生教育路线。

研究生教育起步阶段始终处于不断地摸索前进中，发展规模一直较小，授予学位仅有 200 多人，并且无博士学位人员。但是研究生教育制度与学位制度的完善标志着我国高等教育近代化，并且更加注重培养质量。该时期，研究生的培养质量一直较高，进一步提升了我国的学术水平，推动了我国高等教育的发展。

2.1.2 曲折发展阶段（1949—1977 年）

新中国成立之初，百废待兴，全国掀起了经济建设的高潮，生产发展迫在眉睫，"教育为生产建设服务"，因此国家高度重视各类人才的培养。当时，我国在武器装备制造等高精尖领域的研究极为落后，为了保家卫国，提升综合国力，必须要重视高等学校师资和科学研究人才的培养。因此，我国进入了科学技术新发展的阶段，国家开始着手发展研究生教育。研究生教育是培养高层次专业型人才的重要途径，能推动我国科技创新的步伐，促进国民经济建设的进步。大力发展研究生教育是建设新中国的必经之路。这一阶段，我国的研究生教育经历了摸索、过渡、停滞、恢复阶段。

（1）制度演变。我国的研究生教育制度在该时期经历了全面模仿苏联模式到依据我国发展形势进行调整完善的阶段。1950 年 5 月，教育部颁布《关于高等学校 1950 年度暑期招考新生的规定》，正式提出高校得以继续招收研究生。次月，教育部召开第一次全国高等教育会议。会议通过《高等学校暂行规程》,规定大学及专门学院经中央教育部批准后可设研究部或研究所,任务是培养和提高师资,加强研究工作。1951 年 10 月,政务院颁布《关于改革学制的决定》,新学制重新确立了研究生教育在国民教育中的最高层级地位,目的是培养高等学校的师资和科学研究人才,高校和中国科学院及其他研究机构承担起培养研究生的任务,研究生修业年限为二年以上,招收大学及专门学院毕业生或具有同等学力者[5]。1953 年 11 月27 日,高等教育部颁布《高等学校培养研究生暂行办法(草案)》。这是我国第一个关于研究生教育的法令性的文件,标志着研究生教育制度建设进入了新阶段。之后,国家政治经济发展经历了多次波折,研究生教育进入停滞阶段。慢慢地,制度建设落后,人才培养中断,人员管理混乱等一系列问题出现。直至 1961 年,教育部发布《高等学校暂行工作条例》,严格保证质量。该条例为研究生教育发展指明了方向。1962 年,教育部发布《关于加强在校研究生的培养和调整工作的通知》明确提出了分流淘汰机制,为保障研究生培养质量,提高了毕业要求。

(2)招生演变。新中国成立初期,为加快工业化进程,大力培养科研人员,满足我国生产发展需求,研究生教育开展得如火如荼,招生规模逐年增加。最开始,为了解决我国师资力量匮乏等问题,实行"保送—免试"的招生方式,以快速选拔人才,这符合当时的发展现状。随着研究生教育制度的确立,1953 年高教部发布《高等学校培养研究生暂行办法(草案)》对研究生招生工作做出了指示,明确了生源来源于两类人群,分别实行免试制度与入学考试制度。招生入学考试制度由此确立,这是适合当时国情发展的举措。之后由于政治活动破坏了教学秩序,招生规模急速下降,招生制度重回"保送—免试",且格外注重政治表现。1959年,研究生教育秩序逐渐恢复,招生规模逐渐扩大,招生权力下放,由学校自主招生。20 世纪 60 年代开始恢复研究生入学考试后,在研究生招生中开始了较为严格的选拔,控制招生规模,保证招生质量。随后,研究生教育出现停滞。

（3）培养演变。导师责任制是研究生培养始终不变的原则。新中国成立初期，导师的职责主要就是上课，在课后会对学生进行集体辅导。1958年，不再采用导师个人培养的方法，为发挥系、教研室等作用，采取集体负责与分工指导相结合的方法对研究生进行指导。1963年，明确了导师制的培养模式，专业知识指导全部由导师负责，其他问题可发挥集体作用。最开始主要是学习苏联的培养模式，重视课程学习，基本确立教学、科研相结合的研究生培养模式，以专才培养为目标，加强政治思想教育，并强化生产实践、劳动与教育相结合的理念。这一模式下，我国师资力量匮乏的问题凸显。为解决这一问题，我国开展了调研与考察，并确立了参照苏联模式，以培养科研人员和解决高校师资问题为目标的培养模式。该培养模式贴合我国的实际情况，因此很快落地实施。1958年，"教育革命"标志着苏联直接影响的结束和一条新的中国式社会主义教育道路探索的开始[6]。之后，由于受到政治活动影响，研究生培养教育开始停滞，不少教师、学生被迫取消教学资格，而不再进行教育活动，并进行生产劳动。1959年，党中央及时调整发展战略，研究生教育逐渐恢复，并明确了以提高培养质量为发展原则，完善研究生教育制度，制定了各专业的培养方案，形成了较为稳定的研究生培养模式。但是随后研究生教育进入了长达12年的停滞期。

2.1.3　恢复与发展阶段（1978—2009年）

1978年，随着改革开放的号角吹响，我国的研究生教育迎来了大发展。十一届三中全会后，研究生教育全面恢复招生。教育部发布了《关于高等学校1978年研究生招生工作的安排意见》，正式恢复招收研究生。自此我国研究生教育事业发展走向常规化。

（1）制度完善。教育领域开始拨乱反正，恢复与重建被破坏的教育制度。招生制度、学位制度、学科建设制度初步建立与完善。1978年11月，

《全国重点学校暂行工作条例（试行草案）》对研究生的培养目标和方式进行了明确。1980年，全国人民代表大会常务委员会第十三次会议通过《中华人民共和国学位条例》，规范了研究生培养与学位授予制度，规定我国实施三级学位制度（学士、硕士、博士）。1981年，国务院学位委员会公布《国务院学位委员会关于审定学位授予单位的原则与方法》，为我国的学位授予单位审核奠定了基础。1981年，国务院学位委员会发布《中华人民共和国学位条例暂行实施办法》，规范了学位授予的相关工作，开始正式招收博士研究生。1983年，国务院学位委员会出台了《高等学校和科研机构授予博士和硕士学位的学科专业目录（试行草案）》，首次划分了11个学科门类。1986年国务院正式印发了《关于在职人员申请硕士、博士学位的试行办法》，进一步完善了我国的研究生学位制度。1992年，国务院学位委员会通过了《关于按专业授予专业学位证书的建议》，首次划分了学术学位和专业学位两种培养类型。2002年，国务院学位委员会再次改革了学位授权机制，规定硕士学位授权学科及专业委托省级学位委员会或军队学位委员会和设有研究生院的高等学校自行审批。2008年，新的学位授权审核办法又规定了以省为单位的限额评审要求和限额申报要求。与此同时，在招生培养方式方面，实行了硕博连读、导师负责制，优化了学位授权的区域布局，促进了西部学位授权点的建设[7]。

（2）规模增加。该阶段，研究生招生规模急速增加，并大力鼓励出国留学，1978年8月，教育部出台了文件《关于增选出国留学生的通知》。研究生在校生数量统计如表2.1所示。

表2.1 研究生在校生数量统计

年份	在校研究生数量/万人
1978	1.09
1980	2.16
1981	2.60

续表

年份	在校研究生数量/万人
1982	2.59
1983	3.71
1984	5.70
1985	7.52
1986	11
1987	12
1988	11.30
1989	10.13
1990	9.31
1991	8.80
1992	9.42
1993	10.70
1994	12.80
1995	14.50
1996	16.30
1997	17.63
1998	19.89
1999	23.35
2000	30.12
2001	39.33
2002	50.10
2003	65.13
2004	81.99
2005	97.86
2006	110.47
2007	119.50
2008	128.30
2009	140.49

　　从表 2.1 中可以看出，1978—1988 年 10 年间，研究生规模由 1978 年的 1.09 万人快速增长至 11.3 万人，增长了 10 多倍。这一时期，研究生教育在国家政策的支持和推动下，经历了从恢复招生到规模逐步扩大的过程。1988—1998 年，研究生规模由最初的 11.3 万人，增长至 19.89 万人。这一时期，研究生教育规模处于稳步增长阶段。1998—2009 年，研究生规模发生了显著的变化，研究生在校生人数由 11.3 万人增长至 140.49 万人，增长 12 倍多。特别是 2000 年，由于受到 1997 年亚洲经济危机的影响，为缓解就业压力，研究生招生出现了一定程度的扩张。2003 年，受"非典"影响，为稳定社会情绪和促进就业，硕士研究生扩招 5.58 万人，比 2002 年增加了 34.2%。2009 年，受全球金融危机影响，硕士研究生扩招 6.24 万人，比 2008 年增加 16.13%，由此可以看出，在经济危机年份，研究生教育扩张的权宜性特征。但是整体来看，在该阶段，研究生教育发展处于逐渐恢复期，慢慢变得稳定。

　　（3）培养优化。随着国家的发展，我国研究生教育的培养由单一化逐渐走向多元化。1979 年，邓小平签订中美互派留学生协议，为中外联合培养研究生奠定了基础。1985 年 5 月，《中共中央关于教育体制改革的决定》提出，教育体制改革的根本目的是提高民族素质，多出人才，出好人才。1985 年，国家教委发布《关于改进和加强研究生工作的通知》，提出"稳步发展，保证质量"的方针，并提出注重"应用型学科研究生"的培养。这标志着研究生培养模式从单一的学术型向学术与应用并重的模式转变[8]。20 世纪 90 年代，国家先后实施的《中华人民共和国教育法》和《中华人民共和国高等教育法》，对研究生教育质量保障体系的建设提供了法律支持。1993 年国家发布的《中国教育改革和发展纲要》明确提出，高等教育要走内涵发展为主的道路。2000 年 1 月，教育部下发《关于加强和改进研究生培养工作的几点意见》，指出研究生教育工作的基本方针是"深化改革、积极发展；分类指导，按需建设；注重创新提高质量，应积极发展专业学位研究生教育，改进专业学位研究生的入学考试办法"等。2009 年 3 月，教育部党组决定招收应届本科毕业生全日制攻读硕士专业学位，进一步确立了专业学位在整个研究生教育中的重要地位[9]。随着我国研究生教育的发展与壮大，研究生的培养模式逐渐完善与优化，但始终以人才培养为目标，不断深化改革，助力国家迅猛发展。

2.1.4 深化改革与创新阶段（2010 年至今）

2010 年至今，是研究生教育深化改革与创新发展阶段，是研究生教育由规模扩充的外延式发展转变为质量提升的内涵式发展的重要时期。国家经济保持中高速增长，虽然增速有所放缓，但经济总量持续扩大。到 2023 年，我国 GDP 已达到较高水平，显示出强大的经济韧性和增长潜力。我国积极推进产业结构调整，加快发展现代服务业和高新技术产业，推动经济向高质量发展转变，对于高层次专业型人才的需求逐年增加。

（1）招生规模持续增加。我国的经济发展处于稳定增长期，研究生的发展规模呈现出平稳的趋势。2010 年至今，研究生招生规模统计如表 2.2 所示。

表 2.2　研究生招生规模统计

年　份	研究生招生数量/万人
2010	53.82
2011	56.02
2012	57.54
2013	61.14
2014	62.13
2015	64.51
2016	66.71
2017	80.61
2018	85.80
2019	91.65
2020	110.66
2021	117.65
2022	124.25
2023	130.17

从表 2.2 中可以看出，我国研究生招生人数发生了显著的变化，总体呈现出稳步增长的态势。这是由于一方面，国家将研究生教育提到了一定的高度，制定各种相关政策，支持研究生教育发展，把握大方向，全面进行研究生教育改革，并加大了研究生教育的投入力度，扩大了招生规模；另一方面，随着社会经济的快速发展和产业结构的转型升级，对高层次、创新型、复合型人才的需求不断增加，就业竞争的加剧和学历层次的提升需求，使越来越多的本科毕业生选择报考研究生。

（2）学科建设逐渐加强。学科建设伴随着我国的研究生教育逐渐发展，学科目录机制不断调整完善。1983 年第一份学科目录发布，并于 1990 年、1997 年、2011 年对其进行了 3 次调整，学科门类由 10 个增加到 13 个。1980 年，我国出台了《国务院学位委员会关于审定学位授予单位的原则与方法》，这是学位授权审核的开端。我国先后组织了很多批次的学位授权审核，从二级学科授权到一级学科授权，从学位授权点合格评估到学科水平评估，从学位点增列到动态调整，翔实的审核基本条件也使学科建设更有针对性。同一时期，国家开展了 3 次重点学科评选，对部分学科进行重点建设。直至 2014 年，为提高政府管理科学化、规范化水平，国务院决定取消国家重点学科审批[8]。2022 年，国务院学位委员会发布《研究生教育学科专业目录管理办法》。该文件详细规定了研究生教育学科专业目录的编制、修订、管理等程序和要求，确保了学科专业设置的科学性、规范性和前瞻性。学科建设是研究生教育的基础，随着我国学科建设的逐渐加强，研究生教育迎来了大发展。

（3）教育质量持续提升。我国构建了"五位一体"的学位与研究生教育质量保障体系，汇聚社会、高校等多方面的参与和监督。这一体系的建立为提升研究生教育质量提供了有力保障。2014 年，国务院学位委员会颁布《学位授权点合格评估办法》，并逐渐进行修订与完善。文件规定了学位授权点合格评估的原则、程序、标准和要求，旨在加强学位授权点的建设和管理，确保学位授予质量，通过定期评估，促进学科建设的持续改进和研究生培养质量提升。2020 年，国务院教育督导委员会办公室发布《全国专业学位水平评估实施方案》。该文件的目的是通过专业学位水平评估，全面了解和掌握我国专业学位研究生教育的整体状况和发展水平，为学科建设和教育质量提升提供重要参考《关于加强学位与研究生教育质量保证和监督体系建设的意见》的出台，为研究生教育质量保障提供了政策依据。此外，加强导师队伍建设也是研究生教育质量提升的前提，进一步保障了教育质量。

（4）培养模式不断优化。随着我国高等教育进入大众化发展阶段，我国研究生教育的培养模式经历了显著的变化。国家发布了一系列政策文件。2010 年，党中央、国务院发布《国家中长期教育改革和发展规划纲要（2010—2020 年）》，这是 21 世纪我国第一个教育改革发展规划纲要，明确了未来十年教育改革发展的指导思想、目标任务和总体部署。2020 年，《关于加快新时代研究生教育改革发展的意见》为研究生教育培养模式的改革提供了政策支持和保障。培养目标由单一化的学术型人才培养，向目前的应用型、复合型、创新型人才的多元培养转变；培养方式由之前的统一化培养到个性化培养，高校和研究机构开始注重研究生的个性化发展，通过设置多样化的课程和培养方案，以及实施个性化的导师指导制度，为研究生提供更加灵活和个性化的培养路径。课程设置更具有前沿性，且更加灵活，课程内容更加注重前沿性和交叉性，以反映学科领域的最新研究成果和发展趋势。培养方式更加多元化，产学研相结合，多方面育人，加强国际化人才培养，通过与国际知名大学和研究机构合作，共同开展研究生培养和科学研究。这些变化是顺应社会发展衍生的，随着科技不断进步，社会快速发展，研究生的培养模式还将继续完善与优化。

我国研究生教育发展至今，经历了"又红又专""坚持标准、严格要求""保证质量、稳步发展""坚持方向、稳定规模""立足国内、适度发展""按需建设、积极发展""科教结合、支持创新""服务需求、提高质量"的发展过程[8]。由此可以看出，研究生教育的发展始终和民族与国家的发展共进退，是国家发展的重要支撑和推动力量，是国家培养高层次人才的主要途径，是驱动创新的主要力量，是服务于国家战略的扎实保障，是文化传承与创新的关键媒介，是国际交流与合作的推动剂。今后，研究生教育将继续发挥重要作用，为国家的繁荣富强、民族的伟大复兴贡献智慧和力量。

2.2　中国民航的发展历程

民航业是国家最重要的战略产业之一，是交通强国的重要组成部分。党的十八大以来，民航业的发展实现了历史性的飞跃，运行规模已处于世界前列，航空安全稳居世界领先水平。习近平总书记非常重视民航业的发展，多次对机场进行视察，亲自接见英雄机组人员，对民航业的发展作出重要指示。在习近平新时代中国特色社会主义思想的引领下，民航业将继续坚持创新、协调、绿色、开放、共享的新发展理念，为满足人民群众的美好需求而奋力前行。自 1949 年新中国成立至今，中国民航的发展历经了曲折漫长的过程。

2.2.1　初创与奠基阶段（1949—1978 年）

在新中国成立前，毛主席就表达了希望可以发展航空业，要筹备建立空军和民航事业。1949 年，新中国成立，民航事业逐渐发展。1949 年 11 月，中共中央政治局决定设民用航空局，受空军司令部指导。这标志着中国民用航空局成立，中国民航事业发展的号角吹响。建设之初，只有 12 条航线，且属于短航线，机场设施简陋，大部分是执行一些临时性的专包机任务。在民航局成立一周后，著名的爱国主义运动"两航起义"爆发，成功掀开了建设新中国民航事业新的一页，为新中国民航的发展提供了重要的人才、物质和技术基础。

新中国成立之初，民航的管理机制不断调整与优化。1952 年，为了统一民航管理，使民航成为空军的后备力量，进行了民用航空整编，原军委民航局改为空军建制，将民用航空的行政管理和业务经营分开，改为民用航空局和民用航空公司。1954 年，随着中国民航事业的快速发展，迫切需要专业独立的管理体制来支撑，因此，中国民用航空的管理体制从空军建制中脱离出来，成为国务院的直属局。1958 年，为了进一步优化管理机制，国务院决定将中国民用航空局划归交通部领导，并更名为民用航空总局，负责全国民用航空的具体管理和运营工作。1961 年，由于民用航空的复杂性与多样性，其管理机制需要再次调整。1962 年，为了进一步理顺民用航空的管理体制，提高管理效能，国务院决定将民用航空总局再次升格为国务院直属局，并正式定名为"中国民用航空局"。1969 年，民航划归解放军建制，成为空军的组成部分。

1950 年 7 月，中苏民用航空股份公司正式成立，标志着国际航线的开辟；1950 年 8 月 1 日，史称"八一开航"，我国国内最早的两条航线——天津—北京—汉口—重庆，天津—北京—汉口—广州开通。航线的发展是民航业发展的基础。自此，中国的民航航线逐渐拓展，通用航空业务也相继展开。据统计，至 1978 年年底，国内航线达到 150 条，国际航线 12 条，通航 14 个国家。

这一时期，民航重点建设了天津张贵庄机场、太原亲贤机场、武汉南湖机场和北京首都机场等关键机场。首都机场于 1958 年建成，标志着中国民航有了一个较为完备的民航基地，此后进入机场的大力建设时期。1950 年新中国民航初创时，仅有 30 多架小型飞机，至 1965 年年末，全民航拥有 355 架飞机。其间，民航业遭受重创。直到 1971 年，民航业才在曲折中艰难发展。

2.2.2 快速发展阶段（1978—2002 年）

1978 年，迎来了改革开放，十一届三中全会提出"把全党工作的着重点和全国人民的注意力转移到社会主义现代化建设上来"的战略决策。这标志着中国进入了一个新的发展时期，民航事业顺势而快速发展。为了适应这一形势的要求，民航业进行了根本性的改革，开始了中国航空运输业迅猛发展的时期。这一改革为民航业发展注入了新的活力，推动了行业的快速发展。

1978 年，随着改革开放的深入开展，我国民航业的管理机制不断进行调整与改革，逐步脱离了军队建制，开始了企业化的管理。1980 年，我国民航正式脱离军队建制，成为独立的经济实体，实行企业化管理，3 月，民航局改归国务院直接领导。1987 年 1 月，国务院批准实施《民航系统管理体制改革方案和实施步骤的报告》，民航局不再直接经营航空企业，而是加强政府的规划、监督、协调、服务的职能，实行行业宏观管理。1993 年 4 月 19 日，中国民用航空局改称中国民用航空总局，成为国务院直属机构。1998 年，民航开始实施新一轮的管理体制改革，重点是政企彻底分开、政资彻底分开，民航总局与所属企业彻底"脱钩"。2002 年，中国民航开始实施新一轮改革，组建了多个航空集团，并与民航总局分离，划归国资委管理。

航线与机场建设进程加快，布局逐渐完善，运输规模逐渐扩大，技术设备水平持续提升。航线总数持续增加，到 2002 年年底，航线总数达到 1 176 条，通航里程达到 163.77 万公里，国内通航城市 130 个，通航机场 139 个（不含港澳地区），国外通航 32 个国家的 67 个城市。旅客运输量与货邮运输量出现了快速增长，旅客运输量由 1980 年的 343 万人次增长到 2002 年的 8 594 万人次，货邮运输量从 1980 年的较低水平增长到 2002 年的 202 万吨。随着航线的持续增加、运输的增长，机场建设也加快进程，新建、扩建改建了一大批机场，进一步推进了我国民航业的快速发展。机队规模不断扩大，到 2002 年年底，运输飞机达 602 架。现代通信、卫星、自动化和计算机技术也广泛应用于空管领域，进一步提升了空管效率，增强了安全性。

该时期，更为注重科技教育的进步，强化了人才培养的重要性，建立了多层次的人才培养体系，投入专项经费进行学院建设，助力中国民航的发展。1980 年 10 月，"第十四航空学校"，更名"中国民用航空飞行专科学校"；1987 年 12 月，中国民用航空飞行专科学校，升格为"中国民用航空飞行学院"；1985 年，组建民航管理干部学院，主要用于在职人员培训；1985—1986 年，在北京、上海、广州、四川建立了 4 所中专学校，1 所卫校。至此，各类学校设置结构基本合理。此外，还不断改革优化教学内容，不断调整完善专业设置，逐渐加强职工培训教育。同时成立科学技术委员会，国际交流合作日益增强，国际竞争力、影响逐步提升。

2.2.3 整合提升阶段（2002 年至今）

2002 年，是我国民航业发展的一个分界点，自此民航业的发展步入正轨，不断地整合重组，进入了飞速发展时期，体制机制改革，运输规模扩大，机场建设逐渐完善，在交通运输体系中的地位逐步上升，民航出行进入了普通百姓的日常生活。

2002 年，民航业开始了以"政资分离、联合重组、机场属地化管理"为主要内容的第三轮改革。中国民航业进行了重大重组，组建了六大民航集团公司，包括中国航空集团公司、东方航空集团公司、南方航空集团公司、中国民航信息集团公司、中国航空油料集团公司、中国航空器材进出口集团公司。这些集团公司与民航总局脱钩，交由中央管理，成为交通行业首家完成政企、政资分离的运输部门，标志着民航业向市场化、企业化方向迈进了重要一步。

2002 年至今，运输规模逐年增加，如表 2.3 所示。

从表 2.3 中可以看出，旅客运输量与货邮运输量均在逐年稳步增加。2020 年，我国的民航业遭受重创，运输量急剧下滑，2023 年开始，民航业逐渐回暖。民航完成旅客运输量达到 61 957.64 万人次，比 2022 年增长

146.1%。而到了 2024 年上半年，民航全行业共完成旅客运输量 3.5 亿人次，同比增长 23.5%，较 2019 年同期增长 9.0%。货邮运输量也是如此，如今已经慢慢恢复并开始稳步增长。航线网络扩展，定期航班航线数量逐年增加。截至 2023 年年底，定期航班航线已达 5 206 条，国际定期航班通航 57 个国家。机场数量也在不断增加，基础设施不断完善。截至 2023 年年底，我国境内运输机场（不含香港、澳门和台湾地区）259 个，这些为我国民航业的发展打下了坚实的基础。

表 2.3　民航运输规模统计表

年份	旅客运输量/万人次	货邮运输量/万吨
2002	8 595	202
2003	8 759	219
2004	12 123	277
2005	13 827	307
2006	16 000	349
2007	19 000	401.9
2008	19 215	408
2009	23 000	445.5
2010	26 800	563
2011	29 317	557.5
2012	31 936	545
2013	35 397	561
2014	39 195	594.1
2015	43 618	629.3
2016	48 796	668
2017	55 156	705.9
2018	61 173.77	738.51
2019	65 993.42	753.14
2020	41 777.82	676.61
2021	44 055.74	731.84
2022	25 171.32	607.61
2023	61 957.64	735.38

科技创新与教育培训方面，民航业始终在不断探索与改革，紧跟时代发展步伐，鼓励民航科技创新研究的开展。国家及民航管理部门出台了一系列政策文件，支持民航业科技创新和教育培训的发展。深化教育评价制度改革，打破唯论文、唯职称、唯学历、唯奖项等科技人才评价机制，更加注重实践能力和成果应用。民航教育根据行业发展趋势，不断更新课程设置，增设新兴学科和前沿技术课程，如大数据、人工智能、无人机技术等，以满足民航业对新技术人才的需求，加强师资队伍建设，加强实践教学环节，优化培养模式改革，探索应用型、创新型专业技术人员的培养方式。建设高水平的科研平台和实践基地，为师生提供先进的科研设备和实验条件，推动科技创新与教育培训的深度融合。鼓励和支持师生参与科研项目，通过科研项目带动教育培训质量的提升。大力推进产学研的合作交流，通过联合培养，共建实验室等方式实现资源互补。加强国际交流合作，彰显民航大国地位。

中国民航的发展历程是一部辛酸史，经历了上升下降、高潮低谷时期，但始终不屈不挠，在曲折中不断探索民航发展的正确路径，试图寻求一条适合中国自身的道路。目前，我国俨然已经成为民航大国，但是距离民航强国建设目标还有很长的路要走。在民航事业逐步向高质量发展阶段转变的过程中，全面深化改革是重中之重。

2.3　民航业研究生教育的发展历程

中国的民航教育始终伴随着民航事业的发展，周恩来总理曾提出："建设民航，人才是主要的。"从 1950 年"两航起义"和留用员工的政治轮训，并从他们当中派 100 多人到华北革命大学学习开始，中国民航的教育事业也拉开了帷幕。民航业的特殊属性决定了民航教育层次的多样化。由最开始的培训教育到专科教育，到多层次教育共同发展的民航教育，不同层次的民航教育看似是单一存在的，但又是相互关联的：专才的培养主要依赖于专科教育，本科教育依然作为民航教育的主力军，而研究生教育则是在本科教育的基础上进行更深层次的专业研究以及创新能力的培养。在全球化与科技进步的浪潮中，民航业作为连接世界的桥梁，其重要性日益凸显。随着航空技术的飞速发展、航线网络的不断拓展以及国际航空市场竞争的加剧，民航业对高层次、专业化人才的需求达到了前所未有的高度。民航研究生教育，作为培养这一领域未来领袖和创新者的摇篮，其发展历程不仅见证了民航业的兴衰变迁，也深刻影响着行业的未来走向。

2.3.1　研究生培养规模逐年增加

民航研究生教育始于 1998 年，中国民航大学获批为硕士学位授予单位，1999 年开始招收第一批研究生，由于当时获批的硕士授权点较少，仅有两个，所以研究生规模较小。之后，随着国家的快速发展以及对高层次人才的需求，研究生招生规模逐年递增。2006 年，中国民用航空飞行学院获批为硕士学位授予单位，2007 年开始招收第一批研究生。至此，民航业研究生教育高校只有两所。随后，随着全球化和科技进步的加速，民航业作为国民经济的重要支柱产业，其规模不断扩大，技术水平持续提升，对高层次、专业化人才的需求日益增加，在国家大力发展研究生教育的基础上，民航研究生规模逐年递增。据统计，2010 年至今，民航高校研究生招生规模、在校生规模以及毕业生人数逐年递增，具体如表 2.4 所示。

从表 2.4 中可以看出，招生人数与在校生人数逐年增加，且近几年的增长率较大。规模的大幅度扩张，依然不能满足行业的需求，依然存在人才缺口，促使研究生招生规模继续不断增加。但是在规模增长的同时，人才的培养质量逐渐成为社会及用人单位最为重视的问题，培养的人才不能被行业所用，依然不能解决人才缺口的问题，所以在外延式发展的同时应始终伴随质量提升的内涵式发展。

表 2.4　民航高校研究生招生人数、在校生人数以及毕业生人数统计

年份	招生人数/人	在校生人数/人	毕业生人数/人
2010	550	1 430	328
2011	616	1 601	500
2012	676	1 759	493
2013	709	2 011	502
2014	1 045	3 377	652
2015	1 000	3 387	899
2016	970	3 435	919
2017	882	2 743	822
2018	1 037	3 198	825
2019	1 144	3 015	858
2020	1 428	3 549	951
2021	1 531	4 037	954
2022	1 719	4 567	1 115
2023	1 842	4 939	1 329

2.3.2　完善学科建设与发展

1998 年，中国民航大学在国务院学位委员会第七批学位点申报中，"航空宇航推进理论与工程"和"导航、制航与控制"成为学校首批硕士授权点；2000 年，国务院学位委员会第八批学位点申报中，中国民航大学新增通信与信息系统、计算机应用技术、交通运输规划与管理、飞行器设计和企业管理 5 个二级学科硕士点。2003 年，国务院学位委员会第九批学位点申报中，中国民航大学新增计算数学、机械电子工程、信号与信息处理、

模式识别与智能系统、安全技术及工程、交通信息工程及控制、人机与环境工程和管理科学与工程 8 个二级学科硕士点。2006 年，国务院学位委员会第十批学位点申报中，中国民航大学新增硕士学位授予学科 14 个，其中硕士学位授权一级学科 5 个；硕士学位授权二级学科 9 个。2010 年，国务院学位委员会第十一批学位点申报中，中国民航大学新增硕士学位授权一级学科硕士点 7 个，二级学科硕士点 24 个。中国民航大学新增物流工程和安全工程硕士专业学位领域，至此中国民航大学工程专业学位领域已达 7 个，基本覆盖了民航背景的工程类学科。2018 年获批安全科学与工程一级科学学术博士学位授权点，2019 年完成首期博士研究生招生。发展至今，中国民航大学有 1 个一级学科博士授权点（安全科学与工程），14 个一级学科硕士授权点，7 个专业学位硕士授权点。

2006 年，国务院学位委员会第九批学位点申报中，中国民用航空飞行学院获批"交通运输规划与管理和载运工具运用工程"两个硕士学位授权点。2010 年，国务院学位委员会第十一批学位点申报中，中国民用航空飞行学院新增硕士学位授权二级学科硕士点 3 个。2015 年，中国民用航空飞行学院航空工程和交通运输专业领域开始招生。至此，中国民用航空飞行学院进行专业学位和学术学位研究生培养。截至目前，中国民用航空飞行学院有 20 个硕士学位授权点，其中 7 个一级学科硕士学位授权点、13 个专业学位硕士授权点，覆盖理学、工学、文学、管理学、教育学、经济学、交叉学科 7 个学科门类，形成"以工为主，多学科协调发展"的格局。民航科技的进步和产业升级是推动民航业发展的关键因素。研究生教育作为高等教育的重要组成部分，具有培养高水平科研人才和推动科技创新的重要使命。学科建设是研究生教育的基础与核心驱动力，以学科建设为龙头，紧密结合行业发展需求，优化与完善学科布局，打造高峰学科，巩固优势学科，稳定基础学科，培育交叉学科，构建良好的学科生态，这是研究生教育发展的前提保障。民航高校通过系统构建前沿课程体系、搭建跨学科研究平台、凝聚高水平导师队伍，不仅为研究生提供知识深度与广度并蓄的学术土壤，更塑造其批判性思维与独立科研能力。学科发展方向的精准定位能够引导研究生瞄准国际学术前沿或国家重大战略需求展开探索，而特色鲜明的学科文化则浸润着求真务实的治学态度，在学术传承与创新中完成科研精神的代际传递。这种全方位、多层次的学科生态培育出的研究生，往往具备扎实的理论功底、敏锐的学术洞察力与解决复杂问题的综合能力，从而为知识创新体系注入持续活力，支撑高等教育强国建设与社会长远发展。

2.3.3　人才培养输出质量高

民航高校研究生教育为民航业提供高层次专业型人才。研究生教育开展以来，毕业生服务于民航业发展的各个领域。据统计，研究生就业率如表 2.5 所示。

表 2.5　民航高校研究生就业率统计

序号	年份	高校	就业率	高校	就业率
1	2020	中国民用航空飞行学院	94.87%	中国民航大学	94.67%
2	2021	中国民用航空飞行学院	93.03%	中国民航大学	89.54%
3	2022	中国民用航空飞行学院	89.58%	中国民航大学	91.10%
4	2023	中国民用航空飞行学院	88.76%	中国民航大学	88.8%

从事与民航事业相关工作的比例如表 2.6 所示。

表 2.6　民航高校学生从事与民航事业相关工作的比例统计

序号	年份	高校	比例	高校	比例
1	2020	中国民用航空飞行学院	96.2%	中国民航大学	84.67%
2	2021	中国民用航空飞行学院	93.58%	中国民航大学	83.29%
3	2022	中国民用航空飞行学院	85.02%	中国民航大学	75.27%
4	2023	中国民用航空飞行学院	81.49%	中国民航大学	81.05%

民航高校在民航行业内就业单位类型分布如表 2.7 和 2.8 所示。

表 2.7 中国民用航空飞行学院学生在民航行业内就业单位类型分布统计

序号	单位类型	2020	2021	2022	2023
1	航空公司	70.56%	69.09%	57.83%	53.39%
2	机场	9.18%	8.36%	7.15%	7.23%
3	空管局	7.33%	5.81%	7.65%	6.15%
4	航空维修单位	3.99%	3.82%	3.16%	4.33%
5	学校	0.59%	0.74%	0.62%	0.39%
6	航空物流	0.59%	0.93%	1.57%	2.12%
7	通用航空	0.51%	0.76%	1.54%	0.81%
8	航空研发制造	0.43%	0.93%	1.21%	1.76%
9	航空服务	0.35%	0.29%	0.59%	0.78%
10	其他	2.67%	2.84%	3.69%	4.54%
11	非航空业	3.8%	6.42%	14.98%	18.51%

表 2.8 中国民航大学学生在民航行业内就业单位类型分布统计

序号	单位类型	2020	2021	2022	2023
1	航空公司	58.92%	46.91%	64.71%	54.71%
2	机场	11%	8.08%	6.9%	9.37%
3	空管局	7.84%	11.98%	6.02%	6.46%
4	航空维修单位	10.44%	4.23%	6.16%	11.4%
5	学校	0.56%	1.89%	1.04%	0.94%
6	航空物流	0.99%	1.06%	2.92%	2.33%
7	通用航空	1.26%	0.84%	0.47%	1.97%
8	航空研发制造	4.26%	3.84%	5.14%	6.85%
9	航空服务	3.16%	1.73%	0.59%	3.43%
10	其他	1.57%	2.73%	6.04%	3.18%

由以上数据可知，民航高校研究生的就业率相比其他综合性高校较

高，这与高校的行业属性紧密相关，2020 年以来民航业发展出现波动，就业率出现下滑，但是依然保持较高水平，而从事与民航事业相关工作的比例始终保持在 70% 以上，且就业去向实现民航产业链全覆盖——既包含航空公司、机场集团等运输服务主体，也涵盖空管系统、适航审定等技术密集型单位，更覆盖民航院校、科研院所等人才培养机构，充分印证了行业特色高校"需求导向—精准培养—反哺产业"的闭环培养机制。这种产学研深度融合的培养模式，既确保人才培养始终与行业技术迭代同频共振，又通过输送高素质专业人才持续推动民航强国建设，更好地验证了行业特色高校研究生培养既源自行业需求，又反哺行业发展，全力服务交通强国战略目标。

2.4 民航业对研究生培养的需求

近年来，全球经济转型，科技不断进步，国家正处于高质量发展阶段，民航业蒸蒸日上，市场规模逐渐扩大，技术水平持续提升，国际化趋势日益明显。然而，伴随着行业的发展，一系列挑战也随之而来。市场竞争的加剧使航空公司必须不断提升服务质量，降低成本，以赢得市场份额。同时，安全压力也是民航业面临的一大挑战，任何一起安全事故都可能对航空公司的声誉和经济效益造成严重影响。此外，环境保护也是民航业必须关注的重要问题，如何在保证飞行效率的同时减少对环境的影响，是民航业需要解决的重要课题。因此，不管是在飞行技术、航空安全还是运输管理领域，对高层次、专业型技术型人才的需求都逐渐增加，研究生教育的发展迫在眉睫。

2.4.1 高层次专业技术人才需求

民航高等教育分为多个层次，包含专科教育、本科教育和研究生教育。

专科教育重在某一专业的专业技术水平的提升，更加强调实践；本科教育则重在理论基础知识学习，属于通识教育；而研究生教育则是在本科理论学习的基础上更深层次地研究与探索，在专科的实践基础上更深层次地挖掘与分析，着重于在某一个点上的钻研与探索，着重培养学生解决问题的能力。

随着国产大飞机 C919 的全面投入使用，中国在商用大飞机制造领域迈出了坚实的一步，也是我国综合国力提升的体现。而 C919 的研发涉及多个高度专业化的技术领域。这些领域要求专业技术人才需具备深厚的理论基础、前沿的技术视野以及持续创新的能力，能够解决复杂工程问题，推动技术突破。随着民航业的不断发展进步，对技术工人的要求慢慢从"技能型"向"技能+知识型"转变，即迫切需要既懂技术又懂管理的复合型人才，而这方面人才的培养则大部分依赖于研究生的培养。

安全是民航业的生命线，不管是在飞行技术方面、机务维修方面，还是在机场运行方面，抑或是在飞行运行保障方面，涉及整个民航业的方方面面，从业人员的专业技术水平直接影响飞行安全。除此之外，专业素养、思想道德水平也是安全飞行的重要保障。因此，培养道德水平高、专业素养强、实践能力强，培养具备高度的安全意识和应对突发状况能力的高层次专业型人才，是目前民航业发展所必需的。

2.4.2　科技创新型人才需求

随着全球技术的不断革新和国际竞争的加剧，民航业迫切需要具备创新思维、掌握前沿科技并能将其有效应用于产品研发、服务优化及运营管理中的科技创新人才，以推动航空技术的突破、提升运营效率、增强国际竞争力，并引领行业向更加安全、高效、绿色、智能的方向发展。

民航业的持续创新是推动其发展的重要动力。研究生教育注重培养学生的科研能力和创新意识，民航研究生除需要掌握研究领域的前沿知识外，还需具备较强的动手实践以及科研探索的能力，并可在飞行安全、适航审定、安全保障、航空器制造等领域攻克技术难题，解决"卡脖子"的重大问题，实现科学技术突破，进一步推进民航业的科技创新，在新材料、新技术和新装备的研究与应用方面，不断探索与研究，进而实现飞行安全，环保，绿色，可持续发展，提高运输效率。

科技创新人才在航空制造、运营以及服务等方面积极探索，不断深入研究，挖掘创新点，通过技术创新不断促进产业升级和转型，可进一步提升我国民航业的竞争力，通过参与国际竞争，可彰显我国民航业的创新能力和技术水平，提升国际竞争力。随着智慧民航、绿色民航等概念的提出，科技创新人才在推动新机型研发、新业态拓展、新技术应用等方面发挥着关键作用，有助于培育新的增长点，推动民航业向更高水平发展。

2.4.3 跨学科复合型人才需求

随着当前技术的不断融合与创新，民航业不仅要求从业人员在各自的专业领域具备深厚的知识和技能，还期待他们能够跨越传统学科界限，将工程技术、信息技术、管理学、经济学、法律等多领域知识融会贯通，以应对复杂多变的行业挑战，推动民航业的全面升级和可持续发展。

民航业所涉及的领域很广，随着产业升级，技术融合的趋势越来越明显，对于复合型、创新型人才的需求越来越大。因为跨学科复合型人才可以运用多学科的知识与技能，解决民航业中的复杂性难题。例如，在民航维修中，深度维修需要具有材料科学背景、强检测、会分析、能加工、善管理的跨学科复合型人才。他们不仅要具备专业的维修技能，还要了解材料科学、检测技术等相关领域的知识。未来，智能维修、分布式网络化管理对专业技术人才提出了更高的要求。需要具备全面的科学与工程知识体系、实践能力、信息技术软硬件应用能力甚至开发能力的跨学科复合型人才，以推动这些新兴领域的发展。

安全和服务是民航业最为重要的，而跨学科复合型人才的思维逻辑更谨慎，考虑问题更全面，可以从多个角度看问题，多方面审视问题，进而提出综合性的解决办法。例如，在运行质量管理方面，需要逻辑严谨、了解技术、民航相关知识面较广、会管理的复合型创新人才来确保运行安全和服务品质；在客户服务方面，需要懂心理学、市场营销等学科的复合型人才来提供更加贴心、个性化的服务，从而进一步提升民航业的发展水平。

2.4.4　国际化人才需求

民航业是一个高度国际化的行业，业务领域跨越全世界。随着全球航空业的快速发展，国际竞争与合作日益频繁。国际化人才具备全球视野、跨文化交流能力、国际规则和标准意识，他们能够促进不同文化背景下的旅客之间的理解和沟通，减少文化冲突和误解，还能够在国际商务谈判、合作项目管理、国际法规遵循等方面发挥重要作用，确保民航企业的国际化运营顺利进行，进而提升我国民航业的国际竞争力和影响力。

国际化人才通常具备非常丰富的技术背景和创新能力，他们可以引入国际先进的前沿知识与实践经验，结合国内的实际情况进行优化与创新，进而提升民航的安全水平和运输效率；同时，他们还能够推动民航业与其他行业的跨界合作，拓展新的业务领域和市场空间。国际化人才还可以密切关注国际市场动态和竞争对手情况，为民航相关企业提供有针对性的战略建议和应对措施，还能够帮助民航企业提升品牌形象和知名度，拓展国际市场份额，应对国际贸易摩擦和壁垒等挑战。

通过对我国研究生教育的发展历程、中国民航的发展历程以及中国民航研究生教育的发展历程进行分析与研究看出，中国民航业始终注重人才培养。教育是国之大计，民航研究生教育的发展始终紧跟中国研究生教育的发展脚步，与民航业的发展历程同步。研究生教育为民航业的发展提供了人才支持，进而推动民航业的发展，而民航业的快速发展也为研究生教育提供了广阔的应用场景和实践平台，两者相互支撑，共同进步。在交通强国的战略引领下，民航业与研究生教育将形成共同的发展目标，共同为谱写交通强国、建设民航新篇章贡献力量。

民航高校研究生培养现状分析

随着民航业的快速发展和科学技术的不断革新，民航高校作为培养民航业高层次人才的重要基地，其研究生培养质量受到了广泛的关注。本章将对当前民航高校研究生培养的基本情况进行深入分析，探讨其在招生选拔、课程教学、导师与平台、实践创新能力、国际交流、就业指导以及质量保障等方面的现状，并探索当前民航高校研究生培养存在的不足与问题，以期为民航高校研究生教育的持续改进和发展提供有益的参考。

3.1 当前民航高校研究生培养的基本情况

当今民航局直属高校有 5 所，其中能进行研究生培养的仅有两所：中国民用航空飞行学院和中国民航大学。中国民用航空飞行学院，简称"中飞院"，创建于 1956 年，是中国民航局直属的部省共建高校。学院作为国家全过程培养民航高素质人才的主力军、主渠道、主阵地，已建设成为理、工、文、管、法、艺、教育多学科协调发展的特色高校。学院以人才培养为基础，以科技创新为引领，致力于服务民航强国战略，进一步提升核心竞争力，正向着世界一流飞行大学的目标稳步迈进。中国民航大学隶属于中国民航局，是一所工、管、理、经、文、法、艺等学科协调发展的多科性大学，是民航局、天津市、教育部共建高校。学校坚持立德树人根本任务，落实价值塑造、能力培养、知识传授三位一体教育理念，着力培养高素质科技创新人才、专业技术人才和国际化人才。

民航高校研究生培养发展至今 20 余年，始终坚持高等教育发展规律，紧密结合民航业发展需求，不断全面深化教育改革，建立健全研究生教育管理机制，完善课程设置体系，优化课程教学内容，强化导师队伍建设，加大科研平台建立，完善实践基地建设，大力推进创新能力的培养，积极推动走出去与引进来相结合，促进国际交流与合作，持续完善质量保障体系，全力谱写加快建设交通强国民航新篇章。

3.1.1 招生与选拔机制

民航高校研究生招生计划均由教育部正式下发，面向全国具有考试资格的学生进行招生，民航高校研究生教育的招生与选拔机制均遵循教育部的相关规定和要求，分为初试和复试环节。初试由国家通过统一的招生考试来进行，一般设置为四个单元考试，包含思想政治理论、外国语、业务课一和业务课二。根据不同的学科类别，设置不同单元的考试科目。初试通过可参加报考院校的复试。复试时间与复试方案由招考单位规定，主要用于考查考生的创新能力、专业素养和综合素质等，一般分为线上与线下两种方式，包含笔试和面试环节，通过严格的选拔程序来选拔优秀的研究生人才。同时，两校也注重通过推荐免试等方式吸引和选拔优秀应届本科毕业生攻读硕士学位。

民航高校的研究生一般来源于本校、其他民航类的高校、综合性的大学以及民航业的从业者。但主要集中于与民航、航空、交通、工程等相关专业背景较强的高校。大部分均为第一志愿报考，少部分来源于调剂。由于民航业本身的特殊性，对于专业知识和专业素养的要求较高，所以，本科专业知识的学习是研究生学习的基础。因此，在招生过程中，报考学生的前置专业也是后期研究生培养质量的一个重要影响因素，是生源质量的重要体现。

目前，随着我国研究生教育的快速发展，民航业研究生的培养类型也逐渐多样化，包括全日制专业型硕士研究生、全日制学术型硕士研究生、非全日制专业型硕士研究生和非全日制学术型研究生4个类型。不同培养类型的研究生报考要求不同，须严格审核相关资格。

3.1.2 学科建设情况

学科是大学的基本构成单元，学科的发展应遵循历史传统、学术和社会需要三重逻辑。历史传统逻辑要求学科扎根国家和大学的历史文化传统，不盲目照搬他人经验，实事求是、因校施策；学术逻辑要求打造对本学科领域有信仰和责任感的高水平学术团队；社会需要逻辑则要求学科将科学研究和应用研究有机结合，服务国家重大战略和经济社会发展需求。

自中世纪以来，大学在很长的历史中都以脱离世俗生活的"象牙塔"形象存在。19世纪初，洪堡开创了大学科学研究与教学统一的先河，20世纪初的威斯康星大学确立了大学服务社会的基本职能。随着大学职能与社会地位的变迁，现代大学的知识生产模式早已不同于古典学者出于自身兴趣而开展的纯粹科学探索，而更加强调在知识的应用及在解决实际问题的过程中创造新知识。科学研究包括基础研究、理论应用研究、科技开发研究等不同类型，大学有研究型、教学研究型、教学型等不同类型。大学自身的类型、定位、发展水平不同，所从事的科学研究类型也应有所侧重。

通常，解决实际问题需要涉及跨学科知识和多领域人才的合作，因此从开展学术活动的角度出发，要求行业特色大学建成互相支持、互相关联的学科生态，促进学科交叉与融合。与此同时，政府和企业的经费投入机制必然强调科研活动的外部问责。因此从经费获取的角度出发，要求高校具有一定的服务性。而行业特色大学一般具有相对固定的经费来源和优势领域，对于已有多年发展基础的行业特色大学，应立足历史传统逻辑，牢牢把握社会需要逻辑，并逐渐加大对学术逻辑的侧重。行业特色大学最终要迈向"学科特色大学"，实现科技价值引领，才能长盛不衰。

民航高校研究生教育自 1998 年中国民航大学获得两个硕士学位授权点拉开帷幕。在全国研究生教育中，民航高校研究生教育起步较晚。根据其行业的特殊性，在学科发展的过程中，不断完善学科门类。迄今为止，民航高校已覆盖理、工、管、经、文、法、艺 7 个门类，具体统计如表 3.1 和表 3.2 所示。

表 3.1　民航高校一级学科硕士授权点

序号	学科代码	一级学科硕士授权点	培养单位
1	0301	法学	中国民航大学
2	0502	外国语言文学	中国民航大学
3	0701	数学	中国民航大学
4	0702	物理学	中国民航大学
5	0706	大气科学	中国民用航空飞行学院
6	0802	机械工程	中国民航大学
7	0805	材料科学与工程	中国民航大学
8	0810	信息与通信工程	中国民航大学
9	0811	控制科学与工程	中国民航大学
10	0812	计算机科学与技术	中国民航大学
11	0823	交通运输工程	中国民用航空飞行学院 中国民航大学
12	0825	航空宇航科学与技术	中国民用航空飞行学院 中国民航大学
13	0837	安全科学与工程	中国民用航空飞行学院 中国民航大学
14	0839	网络空间安全	中国民航大学
15	1201	管理科学与工程	中国民用航空飞行学院
16	1202	工商管理学	中国民航大学

表 3.2 民航高校专业学位类别授权点

序号	学科代码	专业类别	领域及代码	培养单位
1	0351	法律		中国民航大学
2	0452	体育	体育教学（045201）	中国民用航空飞行学院
			运动训练（045202）	中国民用航空飞行学院
3	0454	应用心理		中国民用航空飞行学院
4	0551	翻译	英语笔译（055101）	中国民用航空飞行学院 中国民航大学
5	0854	电子信息	通信工程（085402）	中国民航大学
			计算机技术（085404）	中国民用航空飞行学院 中国民航大学
			控制工程（085406）	中国民用航空飞行学院 中国民航大学
			人工智能（085410）	中国民用航空飞行学院 中国民航大学
			网络与信息安全（085412）	中国民用航空飞行学院 中国民航大学
			大数据技术与工程（085411）	中国民用航空飞行学院
6	0855	机械	机械工程（085501）	中国民航大学
			航空工程（085503）	中国民用航空飞行学院 中国民航大学
7	0857	资源与环境	环境工程（085701）	中国民用航空飞行学院
			安全工程（085702）	中国民用航空飞行学院
8	0858	能源动力	电气工程（085801）	中国民用航空飞行学院
			清洁能源技术（085807）	中国民用航空飞行学院
9	0861	交通运输	航空交通运输（086104）	中国民用航空飞行学院 中国民航大学
10	1251	工商管理		中国民航大学
11	1253	会计		中国民航大学

由以上数据看出，民航高校在学科布局与建设上，始终围绕着民航行业的发展趋势，以及民航行业的需求，形成了较为完整的学科专业体系；同时也结合民航运输学科发展开展相关学科建设，以此来拓宽学生的知识面，增加学生的就业渠道。

3.1.3　课程设置与教学内容

课程设置是研究生培养的基础。研究生教育不同于本科的通识性教育，而是更加深入且更加广泛的专业性学习，具备鲜明的行业导向性、实践性、应用性、多元性、综合性、创新性、前瞻性。具体体现在以下几个方面：民航高校为民航行业输送高层次人才，因此，课程设置需要紧紧围绕行业需求，且结合行业发展趋势以及全球行业前沿知识，以培养适用于并服务于民航业的高层次人才；民航业是一个实践性和应用性较强的行业，因此，民航高校的研究生培养均注重实际问题的解决能力，培养在实践中善于发现问题，并可以妥善解决问题的能力；民航业需要掌握多学科理论知识内容的复合型人才，知识模块多元化，理论框架综合化；民航业作为全球经济的支撑行业，国际化发展较快，因此，课程设置需紧跟国际前沿，课程内容需不断更新，确保知识的创新性与前瞻性，注重培养学生的创新能力。

研究生的课程学习不同于本科学习，较为固化，且多以集中学习的形式开展，研究生教育是个性化且灵活化的，除了所有学生必须要学习的思想政治以及英语等基础性的课程，其他课程均是根据其培养目标以及培养类型所决定的；专业学位课，则是本专业的基础性的专业课程，一般是要求学生必须要掌握的专业技术知识，是为了培养本专业学生的专业素养以及专业技能；选修课程，一般是学生多样化的体现，也是个性化培养的体现，研究生依据自己的科研内容以及兴趣爱好，在导师的指导下，进行相关课程的学习，可进一步拓宽学生的知识面与视野；实践课程，一般是针对专业硕士所开设的课程，一般是以案例分析，模拟学习，或者实习实训的方式展开，主要是为了提升研究生的实际操作能力，进一步提升专业技能。

民航高校研究生教育紧跟国家的教育要求与改革，十分注重核心课程与优质课程的建设。于每年立项，下拨专项经费，根据学科发展的趋势以及民航业的发展需求，明确所要建设的核心课程或优质课程，并明确建设目标，确保课程的前沿性与实用性；深度挖掘课程的知识架构，注重理论与实践相结合，提高课程的质量，并且选拔具备丰富教学经验的教师担任主讲教师，进一步提升课程教学质量，且建立完善的教学评价体系，进行定期的评估与反馈，不断优化与完善课程建设。

民航高校研究生教学形式灵活多样，一般都是面授式，即通过线下上课的形式，教师与学生面对面地交流学习，更便于及时解决学习中所遇到的问题。同时还有线上教学。随着信息技术的不断进步，线上教学资源也越来越丰富，学校会提供给学生部分课程的线上资源，学生可以进行自学或者复习。实践教学是另一种学习方式，一般不再是教师讲学生记的形式，也不再是在教室这样的场所进行，可能会在模拟机教室，亦可能会在学校的相关单位中进行实际操作，教师进行指导教学，从而让学生在实际操作中发现问题，解决问题，进一步提升学生的专业技能。

3.1.4 导师队伍与科研平台建设

导师是研究生培养的第一责任人，研究生的培养质量与导师的水平息息相关，因而民航高校不断完善与优化导师的遴选与考核。导师遴选的标准包含了导师的学术水平、科研成果、指导能力以及科研成果，而师德师风是最为重要的，导师的师德师风是导师遴选也是导师考核的第一标准，师德师风不通过者，必须一票否决。民航高校对导师实施动态管理，除了导师资格的考核与评估，导师立德树人也会每年进行考核。同时对导师的指导效果进行综合评价，根据学生的学位论文情况结合导师的考核情况会对导师的资格做出动态调整，以激励导师不断提升自身素质和指导能力。

为持续提升导师的指导能力，构建高水平的导师队伍，民航高校均定期进行新晋导师岗前培训、在岗导师定期培训以及与日常学习交流相结合的培训制度，加强对导师的培训过程和培训效果的考核。培训内容不仅包含了思想政治教育，也涵盖了师德师风、导师职责、学术诚信、学术规范以及学校的研究生教育政策学习和指导方法，目的是提升导师的育人能力和指导水平。

为进一步提升导师的指导水平，激发导师的积极性与活力，民航高校出台了一系列的激励政策，如优秀导师和优秀导师团队的评比，并且学校会提供必要的资源支持，如学术交流机会以及项目资助等，以进一步激发导师的积极性与创新活力；评选优秀硕士论文，对学生和导师给予一定的奖励。这些措施的实行，大大推进了导师指导学生的质量的提升。

随着国家科学技术的进步以及相关政策的支持，民航高校科研平台不断发展。中国民用航空飞行学院现有 3 个省部级重点实验室、6 个省部级工程技术中心、3 个省部级科普基地、2 个省校共建重点实验室、4 个校企联合实验室等，参加产业技术创新联盟 6 个，拥有"四川省院士工作站"和"四川省引才引智基地"，完成学院科技创新平台立体布局。学院助力中国民机产业发展，与中国商飞共建"大飞机学院"和"民机飞行技术与运行联合实验室"，全程参与国产大飞机 ARJ21、C919 的研发、制造、试飞、程序设计、审定、取证，着力解决国产民机制造生产"卡脖子"关键问题，在民航科技发展中发挥重要引领作用。中国民航大学现有 1 个国家空管运行安全技术重点实验室，5 个民航局重点实验室，5 个天津市重点实验室，1 个天津市技术创新中心，1 个天津市工程研究中心，7 个省部级智库。围绕行业"卡脖子"问题开展联合攻关，为 C919 大型客机适航取证提供重要技术支持。

民航高校科研平台的建立与发展均围绕行业发展与科学技术进步，以国家和民族战略为目标，不断优化资源配置，推动科研成果产出；助力产学研结合，推动民航高校的科研成果转化，更好地服务于民航业，进一步提升研究生的科研创新水平，实现科研育人的目标；通过实验室开放、科普活动、本科生参与实验、研究生参与科研项目等形式，发挥科研平台的育人作用。

3.1.5　实践创新与科研创新能力培养

研究生的实践创新能力与科研创新能力培养是一个系统性的工程，需要进行整体规划。意识是行动的先导，民航高校研究生的培养注重创新精神和创新意识的培养，并将该意识贯穿于研究生培养的各个环节之中。依托培养环节，在制度建设与政策引领方面，民航高校出台相关创新能力培养与考核的文件，进一步规范并指导研究生创新能力的培养。制定与优化培养方案，专业型硕士更加强调实践创新能力培养，学术型硕士更加强调科研创新能力培养。

构建科学的实践平台。民航高校可依靠其自身的资源，学校根据学科专业的培养目标，建立多个实践教学平台鼓励各个学院设立实践基地，开设学科专业相关的实践课程，增加实训环节，与企业建立产学研合作机制，大力推动实践基地建设，鼓励研究生参加职业能力资格的认证，为研究生顺利进入工作岗位提供机会，缩小研究生教育与职业需求的差距。遵循以校内实训为基础，校外实践为核心，学科竞赛为依托，职业培训为升华的培养思路。促进实践能力提升。

打造有效的科研训练。民航高校由于其学术资源相对于综合性高校而言较为薄弱，但其行业属性为其提供了较多的科研教学平台，明确学术型研究生培养以学术活动为基础，科研项目为根本，学科竞赛为提质的培养思路。鼓励研究生参与项目的研发与探索，并投入专项经费用于提供创新性实践项目，引导学生将理论知识与实际应用相结合，培养其综合实践能力和技能水平，通过项目的参与并完成，更加深入了解民航业的科学技术前沿，进一步提升科研创新能力。鼓励学生积极参加学术竞赛，将竞赛作为研究生创新实践能力培养的重要抓手，如全国性的科研创新大赛等，通过竞赛激发学生的创新热情，提升其科研能力和学术交流能力。

在民航业高速发展的背景下，技术创新与产业升级的需求日益迫切，民航高校作为行业高层次人才培养的核心阵地，其研究生创新能力的培养不仅关乎学生个人发展，更对民航强国战略的实施具有深远意义。

3.1.6　国际交流与合作

随着全球化进程的加速和航空业的快速发展，国际合作日益紧密，技术、管理、安全标准等方面的交流与融合成为推动民航业进步的关键力量。研究生作为民航领域未来的高端人才和创新驱动力，其国际视野、跨文化交流能力和国际合作经验对于提升我国民航业的国际竞争力、促进全球航空技术与管理理念的共享，以及应对全球航空业的挑战具有重要意义。

民航业的发展离不开国际交流合作。民航业的国际化程度较高，因此，民航高校研究生教育较为注重国际化人才的培养。通过与国际知名航空企业合作，签署战略协议，这些合作不仅为研究生提供了深入了解国际航空业前沿技术的机会，还促进了双方在教学、科研及人才培养等方面的深度合作；并且与国际民航组织、国际航空运输协会等国际民航组织和机构建立了紧密联系，共同推动行业进步，为研究生提供参与国际航空标准制定、政策研究等高端国际交流的机会。民航高校会通过联合培养项目以及交换生项目，给研究生提供学习国外先进知识的机会，提升研究生的国际化视野和技术能力。将引进来与送出去相结合，积极引进海外留学或有海外工作经验的高层次人才，他们不仅具备丰富的国际学术背景和经验，还能为研究生提供国际化的学术指导和职业规划建议。民航高校鼓励教师赴海外学习和进修，提升教师的国际化水平。同时，通过组织教师参加国际会议、访学等方式，促进教师与国际同行的交流与合作。民航高校积极参与国际科研项目合作，为研究生提供了参与国际科研合作的机会，锻炼其科研能力和国际协作能力。积极推动研究生的国际交流与合作，努力培养具有国际视野和跨文化交流能力的高素质人才。

通过加强国际交流与合作，民航高校能够为学生提供更加广阔的学术平台和实践机会，帮助研究生更加深入了解国际航空业的最新动态、前沿技术和国际标准；同时促进了不同文化背景下的思想碰撞与融合，培养出具有全球视野、创新思维和国际合作能力的复合型人才，为我国民航事业的可持续发展贡献力量。

3.1.7　质量评价体系建设

研究生培养划分为多个环节。质量评价体系的建立是对研究生培养各个环节的监督，也是对整体培养模式的效果反馈。

民航高校在课程教学质量评价体系中进行不断探索与研究，中国民用航空飞行学院根据民航业的发展需求和研究生教育的特点，制定了科学、合理的教学质量标准。这些标准涵盖了教学内容、教学方法、教学资源等多个方面，确保研究生在学习过程中能够接受高质量的教育，通过定期的教学检查、学生反馈、同行评价等方式，及时发现并解决教学过程中存在的问题，确保教学质量不断提升。中国民航大学构建了"全员参与、全程覆盖、全因素管理"的教学质量保障体系，该体系包括"质量目标—质量标准—质量因素—质量监控—质量改进"5 个部分。这一体系旨在通过全面的质量管理和监控，确保研究生培养过程中的每一个环节都达到既定的质量标准。

强化师资队伍建设，不仅注重加强导师的专业知识能力与指导能力的提升，并且注重教师教学能力与知识水平的提升，鼓励教师积极参加教学比赛，积累教学经验，探索优化教学方式。依托教学质量评价系统与教师的年度考核等方式，对教师的教学水平进行全方位的监督与反馈。注重教师和导师的培训、进修，鼓励教师和导师不断提升自我的科研能力、教学水平，加强师德师风建设，建立健全导师考核制度，全面监督导师立德树人的育人环节。

民航高校建立了持续改进与反馈机制，对研究生培养质量评价体系进行不断优化和完善。通过开展调查问卷，以及学生座谈等形式，收集和分析各方面的反馈意见，以便于学院能够及时发现和解决存在的问题，确保研究生培养质量评价体系的有效运行和持续改进。

3.2 当前民航高校研究生培养的不足与问题

《中华人民共和国国民经济和社会发展第十四个五年规划和 2035 年远景目标纲要》（简称"十四五"规划）对航空航天科技发展寄予厚望，将航空航天科技作为加强原创性引领性科技攻关的 8 大前沿领域，将航空航天等 9 大产业的创新发展作为实施制造强国战略的重要工程。当今研究生培养的规模已经逐渐增加，民航行业在各类专业人员上均存在不同程度的缺口，高校培养的研究生不能够完全适用于行业发展，这是目前民航高校研究生教育面临的最大的问题。

3.2.1 培养目标与行业需求不匹配

培养目标是研究生教育的基础，研究生培养均是围绕培养目标展开的。而大部分民航高校未能充分对接行业前沿动态和实际需求，导致培养出的毕业生在技能、知识和综合素质上难以完全满足行业的岗位要求。这种不匹配不仅影响了毕业生的就业竞争力，也制约了民航业的高质量发展。

民航高校在进行研究生培养目标制定过程中，未能深入民航相关单位进行实地调研，不能充分了解当今民航业对人才的具体需求，如人员的专业技术能力以及专业素养水平。民航业在快速发展过程中涌现出大批量的新兴岗位以及新的技术要求，而这些需求在研究生的培养中未能充分体现，不论是培养方案的制定还是课程的设置以及科研实践的安排等，都一味地沿用旧的培养方式，并且随着民航业的快速发展，对于跨学科人才培养的需求也越来越多，而这些需求在培养目标中均未及时体现。

培养目标设定滞后和笼统。当今社会，智慧民航、绿色民航作为未来民航业发展的新趋势，而培养目标设定未能紧跟社会发展方向，相对于行业需求，研究生的培养目标设定往往较为滞后，人才的培养往往不能跟上行业发展脚步；并且，在研究生培养目标的设定上过于宽泛或笼统，缺乏针对性，这导致毕业生在就业市场上缺乏明确的竞争力，难以满足企业的特定需求。民航业不同岗位的具体需求千差万别，高校应分层分类设定培养目标，确保人才培养精细化，提高人才适配性。

3.2.2　培养方式与培养类型不匹配

当前，民航高校研究生的培养类型主要分为专业型和学术型，不同培养类型的培养目标差异较大：学术型硕士研究生教育主要在为博士的培养储备力量，为高校和科研院所输送原创型人才，主要为民航业的高精尖和科技攻关领域提供科研人员；而专业型硕士培养则是为行业相关单位提供科技创新能力与实践能力较强的专业型人才，重在实践能力的培养。

但是，在实际研究生培养过程中，由于受到传统培养模式的束缚，仍以学术研究型的培养模式为主，注重研究生的知识体系的建立，强化理论学习的重要性，以及注重科研探索能力的培养，忽视了对研究生实践能力和创新精神的培养；大部分的指导均在实验室与研修室中完成，很少贴近行业，走进一线，使专业型研究生的专业实践环节浮于表面，未能真正落地实施，以致学生虽然掌握了扎实的理论基础，具备了相关的科研能力，但在实际操作和问题解决能力上可能有所欠缺，与培养目标偏离较大，就业竞争力严重不足。

师资队伍建设方面，导师与研究生课程教师均注重科研成果的积累以及专业知识能力的提升。但是，在实践教学方面，师资力量较为匮乏，双师型教师的占比较少，然而这对于专业型硕士的培养是至关重要的，科研能力强的教师在授课与指导的过程中，注重科研能力的输出，强化理论知识的学习，而针对行业问题，以及如何解决行业问题等方面，没有行业经验的教师将无法提供相关的学习。因此，双师型教师队伍建设也是分类培养理念的基础保障。

总之，应基于分类培养理念，建立健全研究生培养的相关制度，优化研究生培养的各个环节。

3.2.3 课程设置与教学内容滞后

课程体系结构滞后。根据民航目前的发展现状，对于专业技术型人才的需求日益提升，专业实践课程的设置应充分考虑行业需求，以行业的现实问题为出发点，进行课程设置，旨在解决行业问题。随着综合型复合型人才的需求量增大，除了基础课程、专业课程、专业实践课程，跨专业、跨学科课程的设置结构也需要调整，而这些在民航高校研究生培养中未能及时更新与调整。

课程内容设置滞后。民航业的发展日新月异，科技进步飞速发展，研究生教育体系的课程内容前瞻性不够，前沿知识涉及较少，往往侧重传统理论知识，如飞行原理、飞行性能、航空器维修、空中交通管理等，而缺乏对新兴技术（如无人机技术、人工智能在航空领域的应用、大数据分析与预测等）的深入学习，新技术、新政策、新标准的引入往往需要较长时间才能体现在教学体系中，以致毕业生在面对快速变化的行业环境时，一时间难以完全适应。

课程本科化现象严重。行业特色鲜明是行业高校最为突出的特点，课程内容局限于专业性的知识点，在本科教学与研究生教学中，知识点极易出现重合，因此课程本科化的现象较为严重，未体现高阶性。但是本科与研究生教学目标的差异化较大，本科课程重点在于知识的传授，而研究生课程则是基础知识的升华，因而授课教师在课堂内容的把控上需控制好度，将重点放在以解决问题为主的学习与理解上。

3.2.4 导师队伍与实践经验不足

导师数量与结构不合理。随着民航业的快速发展和研究生招生规模的逐年增加，导师数量不足的问题逐渐凸显，导致每位导师所指导的学生数量较多，以至于对于每位研究生的关注与指导时间较少，影响研究生的培养质量。导师队伍中可能存在学科背景相对单一的问题，或者集中于某一学科，其他学科导师数量偏少，并且缺乏跨学科、跨领域的复合型人才，这也大大限制了研究生在交叉学科领域的探索和创新。

导师培训体系不完善。民航教育的导师培训体系在不断地建立与完善过程中，但是通常是较为通识性的知识技能培训，而未能建立起针对性较强的特色民航导师专业技能的培训，进而导致导师难以跟上行业发展的脚步，前沿性知识较为滞后。未能有专门的指导技能与实践教学能力的培训，使导师在指导学生的过程中力不从心。

导师激励机制不健全。民航高校导师的评价体系尚不完善，往往以成果与文章的发表量为考核指标，而对学生指导的效果难以量化、难以考核。另外，对于导师的激励措施较为缺乏，不能进一步调动导师的积极性，不能及时鼓励导师充分融入校企合作和学生指导的工作中去。

导师实践经验缺乏。导师队伍中一大部分新晋导师为刚毕业博士，具备深厚的理论研究基础，但是实践经验甚为缺乏，有些甚至未曾接触到民航企业，即使部分资格较久的导师，由于长期从事在教学和科研一线工作，但缺乏在民航企业实际工作的经验，难以将行业最新发展动态与最新技术研究进展融入日常指导中。某些导师由于资源限制，致使学生难以获得足够的实践机会，无法将所学习的理论知识有效转化为实践能力，导致所指导的研究生所学习的相关知识与民航企业实际需求存在较大的差距，难以满足民航业的发展需求。

3.2.5 科研创新与专业实践脱离

科研理念与实践需求不合。民航高校的科研实践活动大部分偏重理论的探索，文章的发表以及科研项目的申报，与行业的结合不紧密，未能完全从行业中找寻问题，探索实践，解决问题，因此，将科研活动的成果转化为行业应用较困难。此外，民航高校内部的职称晋升以及事业发展，往往依赖于科研评价体系，而科研评价大多重成果，轻实践，因此，高校教师和学生会选择容易出成果的课题进行研究，而实际行业应用问题以及技术瓶颈，则研究很少，以至于科研创新未能解决行业需求。

产学研合作机制不健全。产学研构建是连接科研创新与专业实践的重要桥梁。产学研的建立需要政府、高校、企业等多方共同努力，目前，尚未有较完善的体制机制促进产学研的深度融合，致使产学研的合作缺乏深度与广度，难以将高校的科研成果转化为行业的需求。

实践教学资源不全。由于民航业的发展迅猛，新技术、新设备的更新迭代速度较快，而高校在设备维护与更新方面难以与行业的发展保持一致，所以实践教学设备滞后。另外，随着研究生招生规模的扩大，高校的经费、场地有限，难以为学生提供充足的实践实习机会，并且师资队伍也相对较为匮乏，实践教学需要双师型的教师，而高校双师型教师的占比较少。

研究生创新能力不足。研究生的创新能力即独立完成科研活动的能力，独立发现问题并解决问题的能力。由于民航高校研究生教育起步较晚，发展至今，在培养研究生方面依然注重知识的传授，而忽略能力的培养，未能给予学生较大的独立性与探索性。因此，学生在科研活动中缺乏自主性，并且研究生的科学研究大多是参与导师的课题，难以发挥自己的主观能动性和创新精神。

3.2.6 国际交流与对外合作不足

合作平台与机制建设不完善。民航高校在国际交流合作上尚未形成系统，缺乏统一的国际合作框架，以至于合作的项目零散化，不能形成稳固的合作关系，项目研究缺乏深度与广度。合作平台较为匮乏也是导致国际交流与对外合作不足的重要因素。

课程体系与教学内容国际化不足。国际化教育在研究生的培养中未能充分体现，双语课程较少且不够重视，国际文化交流等的课程涉及较少，课程体系与教学内容更新较慢，部分课程未能体现民航业的国际最新发展现状以及国际的最新技术标准，以至于学生所学的内容与国际接轨较少，进而导致国际交流与对外合作不足。

师资队伍国际化程度不高。民航高校的海外学习经验丰富的师资占比较少，缺乏海外学习、工作经历，对于国际民航业的发展以及技术的更新迭代未能及时掌握，因此在指导学生方面易忽略学生的国际竞争能力的培养。

政策支持与激励机制不完善。政府在推进民航高校国际交流与对外合作方面的政策支持和引导不够有力。往往研究生会因为经费的不足以及机会较少而丧失出国学习交流的机会，并且对于参加国际合作且有成效的教师和学生并未有明确的奖励措施，因此，难以激发教师和学生参加国际交流与对外合作的积极性。

3.2.7　质量评价体系不完善

质量标准与评价体系不统一。民航高校在研究生教育质量评价方面未能形成统一的标准和评价体系，以至于不同的高校之间，甚至不同的学科专业之间在评价标准方面存在差异，不能进行公平公正的评估与反馈，导致教育质量的差异化较为明显，不能保障所有的研究生均可达到既定的培养目标，与行业需求差距更大。

监管与反馈机制不健全。教学质量监管是质量保障体系最为重要的一个环节，但部分民航高校在监管体系建立上存在漏洞，如监管范围不全面、监管手段单一等。另外，反馈机制也不够健全，对于发现的问题往往难以及时、有效地进行反馈和处理，以至于监管反馈系统未能达到预期效果，严重影响研究生的培养质量。

学位论文质量管理不严。学位论文是研究生教育的主要成果之一，学位论文质量与研究生的培养质量有直接的关系。但是，目前部分民航高校在学位论文质量管理上依然存在不严谨的情况，如论文选题缺乏创新性、论文撰写不规范、论文评审和答辩过程不够严格等。这样将会直接导致研究生培养质量直接下滑，以致影响民航高校的研究生招生与就业。

民航高校研究生教育发展面临的机遇与挑战

4.1 新时代民航业的发展新形势

当今世界，形势复杂多变。据联合国经济和社会事务部发布的《2024年世界经济形势与展望（年中更新）》，全球经济前景自 2024 年 1 月以来有所改善，主要经济体避免了严重衰退，世界经济 2024 年增长 2.7%，2025年增长 2.8%，国际贸易受到诸多因素影响，全球投资依然呈现下降趋势；地缘政治紧张，大国之间竞争不断，导致国际体系不断分化重组，部分国家地区冲突，导致全球和平受到威胁；高端前沿技术飞速发展，世界格局正在逐渐改变，技术竞争是目前国家博弈的重要领域之一。国际货币基金组织（IMF）预测，中国 2024 年全年经济增速为 5%，显示出中国经济持续复苏的态势。目前民航业已呈现出持续复苏与稳步增长的趋势。民航局新闻发布会上，中国民航局运输司副司长介绍了 2024 年上半年民航业发展态势。

4.1.1 市场需求增加，政策环境优化

经济稳步增长，市场需求增加。近年来，我国的经济维持稳步增长的态势。据统计，2024 年上半年，我国国内生产总值（GDP）达到 616 836 亿元，按不变价格计算，同比增长 5.0%。这一增速在全球范围内仍保持领先。国家经济平稳增长是市场需求增加的基础。居民收入水平提升，促进消费能力提高，因此，民航的市场需求将大大增加。

国民消费升级，出行方式变化。据统计，2024 年上半年，社会消费品零售总额达到 235 969 亿元，同比增长 3.7%，服务零售额同比增长 7.5%，由此看出消费市场稳步恢复和升级。2024 年上半年，居民消费价格指数（CPI）同比上涨 0.1%，物价水平保持温和回升态势。种种数据显示国民消费水平升级。因此，出行方式的选择将更加多样。对于出行的质量要求会有所增加，而民航相对于其他交通方式而言，更加便捷、快速，由此受到越来越多的消费者的青睐。

国际航线恢复且增长。2024 年以来，国际航空市场不断恢复，2024 年全球航空客运量将突破 47 亿人次，航空业收入将达到 9 640 亿美元的历史新高。航班管家等机构统计，2024 年上半年，国际航班量逐步恢复，达到 2019 年同期的 70.5% 左右。其中，6 月份的国际航班量已恢复至 2019 年的 73.2%，显示出较快的恢复趋势。2024 年上半年，民航国际客运航班达 26.7 万班次，日均 1 468 班次，同比 2023 年增长 179.3%，同比 2019 年下降 29.5%。尽管与 2019 年相比仍有一定差距，但是仍在持续增长中。航线数量持续增加，航线网络触达国外 69 个国家 154 个航点，恢复到 2019 年相当的水平。随着全球经济的复苏，国际航空市场将继续恢复与增长。

政策支持力度加大。近年来，国家加大投入力度，增加信贷支持，帮助航空公司缓解资金流动压力，加大资金投入力度，用于机场基础设施建设，大力推进民航业加强科技创新建设。2022 年 2 月发布《关于促进服务业领域困难行业恢复发展的若干政策》，通过一系列政策措施，促进服务业领域

的稳定发展，支持民航业恢复发展。推动民航运输与制造业等深度融合，大力支持引进民航业人才。在各种政策的推动下，民航业发展取得了显著成效。未来，随着政策的持续深入，我国民航业将实现更高质量的发展。

4.1.2 安全水平提升，坚持绿色发展

安全水平提升。安全是民航业的生命线。《"十四五"民用航空发展规划》基本原则之一：坚持安全发展，进一步丰富完善民航系统安全观，正确处理安全与发展、效益、正常、服务之间的关系，形成相互支撑、互为动力的有机体系。增强风险防控能力，提升安全治理水平，筑牢安全发展基石。发展目标之一：航空安全水平再上新台阶。安全理论科学完善，风险管控精准可靠，安全文化与时俱进，技术支撑先进有力，民航安全发展更加自信从容，运输航空连续安全飞行跨越 1 亿小时大关。安全意识是民航业快速发展的基石，为了提升航空安全水平，民航业不断完善制度规范，加强航空安全文化建设，加强安全培训，提高管理水平，强化技术创新，并且在科技飞速发展的当前，利用人工智能等手段不断提升安全管理水平，以此保障安全发展[3]。

坚持绿色发展。绿色、低碳是国家目前的发展要求，民航业在飞速发展的同时，需积极履行生态环境保护的责任。《"十四五"民用航空发展规划》基本原则之一：坚持绿色人文。按照国家碳达峰、碳中和总体要求，加快形成民航全领域、全主体、全要素、全周期的绿色低碳循环发展模式。发展目标之一：绿色民航建设呈现新局面。绿色民航政策、标准和评价体系更加完善，能源利用效率和结构持续提升优化，应对气候变化积极有为，环境污染综合治理能力不断提高，机场噪声防治科学有力，民航发展与生态环境更加和谐。绿色民航建设是民航业发展的基础，通过科技创新与技术研究，对材料研发、航空燃料、机场设施等基础设施进行研发，进而实现碳达峰、碳中和的总体要求，实现绿色航空的发展目标。

4.1.3 科技创新与数字化转型加快

科技创新引领行业变革。科技飞速发展的新时代，民航业也不例外，空中交通管理通过大数据技术进行数据管理进行调度，以及航线网络优化，进而提升运行效率；通过人工智能，加强对飞机飞行状态进行监控管理，及早预判风险，确保航空安全，通过引入新技术、新产品，进而来提升运输效率与航空安全。另外，服务是民航业发展的主线之一，通过利用人脸识别、语音助手、人工智能等先进技术，简化旅客值机、选座、登机等繁杂的操作，享受到更为便捷的出行服务，大大提高体验感。在全球气候变暖，面对极大的环保压力下，科技创新可以优化产品设计，积极探索与研究新能源、环保材料的应用等，为绿色航空、低碳出行打下坚实的基础。

数字化转型推动高质量发展。数字化转型的核心在于数据的收集、分析等。目前，民航业已构建了较为成熟的大数据平台，以此来实现旅客、航班、航线等数据的收集与分析。这些数据为民航业的管理提供依据，优化管理模式，提高竞争力。数据平台的建立可以实现与其他领域融合发展的局面，民航数据可以与酒店、旅游等数据相融合，为旅客的出行提供更加全面、便捷的服务，为民航业的快速发展提供新的思路，从而推进民航的高质量发展。

4.1.4 深化国际合作、竞争合作并存

深化国际合作。在国家"一带一路"倡议机遇下，民航业通过参与"一带一路"倡议，建立起了更为广阔的国际合作平台，不仅积极促进了国际航空运输市场的互联互通，还进一步推动了民航业专业技术的交流与合作，为我国民航业的国际合作提供了有力支撑。民航业积极参与国际经贸磋商、投资协定和自贸协定谈判等工作，通过深化与各国的经贸关系，拓展了新的合作领域和市场空间。这不仅有助于提升民航业的国际竞争力，还促进了全球航空运输市场的繁荣发展。民航业积极与国际机构合作，大

力推动安全和技术标准的互认，获得民航话语权，提升了我国民航的安全水平。

竞争合作共存。随着全球经济一体化的深入发展，国际航空运输市场的竞争日益激烈。各国航空公司纷纷加大市场开拓力度，提升服务质量和运营效率，以争夺更多的市场份额。这种竞争态势促使民航业不断创新和发展，提升整体竞争力。面对全球性挑战，如气候变化等，民航业各国需要加强合作，共同应对，实现共赢。在竞争中，各国航空公司也展现出差异化的竞争策略，同时航司之间也通过合作来实现资源共享和优势互补。这种差异化竞争与合作并存的模式有助于推动民航业的多元化和协同发展。

4.2 民航业的发展为研究生教育带来了机遇

4.2.1 促进人才培养规模增加

行业需求驱动研究生教育规模增加。随着科学技术的飞速进步，全球经济快速发展，国民经济水平逐渐提高，对于出行体验要求有所上升，高素质、专业化人才的需求量增大。随着人工智能技术逐渐取代繁杂重复性工作，岗位设置出现调整，科技创新型岗位人才缺口较大，民航高校人才培养结构逐渐发生变化，高层次、高素养的专业技术型人才的需求量急剧增加。根据岗位需求，各招生单位增设与民航紧密相关的学科专业，以及其他相关学科，以此扩大研究生招生规模，并且优化招生政策，鼓励更多优秀学生报考并接受培养，为民航业的发展打下坚实的基础。

政策支持鼓励研究生教育规模增加。近年来，国家对研究生教育越来越重视，为推动我国研究生教育的发展，出台了各种相关政策。2020 年 9 月 4 日，教育部、国家发展改革委、财政部联合发布《关于加快新时代研究生教育改革发展的意见》，并提出以服务需求为导向，合理扩大人才培养规模，国家实施关键领域急需高层次人才培养专项招生计划，招生计划向重大科研平台、重大科技任务、重大工程项目等倾斜，并且完善各种招生制度体系，进行研究生招生考试改革，扩大研究生招生规模。

4.2.2　推动研究生教育改革与创新

实施分类培养。为尽快适应民航业的快速发展，提高研究生的培养质量，2023 年 12 月 25 日，教育部发布《关于深入推进学术学位与专业学位研究生教育分类发展的意见》明确提出，到 2027 年，培养单位内部有利于两类学位研究生教育分类发展、融通创新的长效机制更加完善，两类教育各具特色、齐头并进的格局全面形成。该文件优化了学术学位与专业学位研究生教育的规模结构，以国家重大战略、关键领域和社会重大需求为重点，进一步提升专业学位研究生的比例。

培养模式改革。党的二十大强调"推动科技创新和产业创新深度融合，强化企业科技创新主体地位"，科技部、教育部等部委联合发布关于促进产学研合作的具体措施和指导意见，鼓励和支持企业、高校和科研机构之间的合作。产学研相结合的培养模式更适应民航高校研究生的培养，通过与民航相关单位建立起合作关系，在研究生的培养过程中参与实际项目，将理论知识与实践操作相结合，进一步提升研究生的培养质量，提高研究生发现问题、解决问题的能力。

研究生教育内容创新。随着民航业的飞速发展，更多新技术、新产品、新标准逐渐涌现，研究生教育在紧跟行业发展步伐的同时，需要不断完善课程内容，优化课程结构，引入国际前沿知识和技术。加强实践教学部分，强化行业前沿知识的拓展，通过专家授课、举办讲座等多种形式，进一步提升研究生的视野与专业技术能力，在教学内容上与时俱进，与行业发展同进步。

4.2.3　强化政策支持与经费投入

政策支持。近年来，国家高度重视研究生教育，2020 年 9 月 4 日，教育部、国家发展改革委、财政部发布《关于加快新时代研究生教育改革发展的意见》，进一步强调研究生教育在国家发展和社会进步中的重要地位；民航局每一个五年发展规划以及《新时代民航强国建设行动纲要》等文件，也强调了人才培养在民航业发展中的重要地位。教育部门与民航部门加强合作，不仅体现在设定联合培养项目上，而且共同推动科研项目的立项以及科研平台建设，共同助力研究生教育发展。各地政府同样也会根据当地民航业的发展需求，出台相关政策文件，以此支持民航教育工作。通过多层次、多方面强化政策引领，实现多元化民航高校研究生教育支持体系。

经费投入。支持民航教育的发展，经费投入是基础。政府部门会按照教育部教育厅的预算安排，为高校拨款，专门用于研究生教育，如奖助学金、项目经费等。另外，政府还会设立专项基金，用于特定领域或特定用途的研究生教育的支持；企业方面，依托与高校的项目合作，为高校研究生教育提供经费支持，可通过设立企业奖助学金或者科研项目经费等形式，支持民航研究生教育发展；社会方面，包含个人捐赠以及基金会资助等，以多种形式支持研究生教育的发展。

4.2.4　加强研究生教育国际化

民航业作为与世界联系的桥梁，随着全球航空业的快速发展和国际化程度的不断提升，民航领域对具备国际视野、跨文化交流能力和全球竞争力的高层次人才的需求日益迫切，民航研究生教育越来越重视国际化人才的培养。

国家教育部门和相关机构制定了一系列政策，鼓励和支持民航高校开展国际化办学。教育部发布关于提升研究生教育国际化的指导意见或政策文件，鼓励高校加强与国际航空院校的合作，提升研究生教育的国际化水平。

国家将民航高校纳入"双一流"建设范畴，通过加大投入、优化布局、深化改革等措施，提升民航高校的整体办学实力和国际化水平。国家鼓励民航高校积极参与国际认证和评估体系，如国际工程教育认证（ABET）等，以提升研究生教育的国际认可度和竞争力。

政府通过设立专项资金用于支持研究生教育国际化的各项工作，并且为鼓励研究生参与国际交流，政府和企业可设立奖学金和助学金项目，为研究生的出国交流合作提供支持；民航高校与国际知名航空院校或研究机构开展联合培养项目，鼓励研究生出国交流与访学，开阔视野；优化课程体系以及教学内容，增加国际化前沿知识，引进国外工作学习经验的教师，鼓励教师参加国际化会议以及开展项目研究，进一步提升教师的国际化水平。

从教师、学生、学校等多维度出发，建立起国际化培养体系，共同为加强研究生教育国际化而努力，以适应全球科学技术进步。

4.2.5　促进多学科交叉融合

民航业具备复杂多样性的特征，随着民航业的快速发展，对人才的需求不再局限于单一学科领域，而是更加倾向具备跨学科知识背景和综合能力的复合型人才。这种需求变化直接推动了研究生教育在学科设置、培养模式以及课程设置等方面的改革与创新，促进了多学科交叉融合的发展。

为适应民航业新发展，许多高校新增交叉学科专业，或者依据行业需求以及高校研究生培养现状，调整改造一些学科，使其符合行业发展趋势，与科研机构、企业等合作，开展跨学科联合培养项目。这些项目通过整合不同学科的优质资源，为研究生提供跨学科的学习和实践机会，促进其综合素质的提升。课程设置方面注重学科之间的交叉融合，开设了多门跨学科课程，拓宽研究生的知识面和视野，培养其综合运用多学科知识解决问题的能力。高校鼓励组建跨学科科研团队，通过团队合作的方式开展科研项目。这种合作方式有助于打破学科壁垒，促进不同学科之间的交流和融合，推动科研创新。学科交叉融合是研究生教育的趋势，全面发展的专业型人才需具备各个学科的知识，专业面广。

4.3 民航业的发展为研究生教育带来了挑战

4.3.1 学科建设方面的挑战

学科建设是高校建设和发展的核心,学科建设的水平则是高校教育与人才培养的程度,是高校核心竞争力的集中体现,直接关系到高校的学术水平与科研能力,在高校的发展中占据举足轻重的地位。学科建设不仅仅是指学科本身,还包含方方面面,如学科体系、学科水平以及学科相关资源等。

学科体系布局与行业发展不匹配。民航高校作为行业特色鲜明的院校,为民航业提供专业技术型人才。近些年来,为了满足民航业日益发展对于民航人才的需求这一问题,民航高校不断进行学科扩张,学科点的增加顺势带来了招生规模的增加。据统计,当前,民航高校的学科覆盖理、工、经、文、管、法、艺、教育 8 个学科门类,覆盖面较广,学科种类较多。但是,随着民航业的快速发展,新技术、新业务模式不断涌现,而民航高校的学科扩张依然以传统学科为主,新兴学科发展较为缓慢,且学科布局均以民航业为主线展开,以工科学科为主,学科布局不合理,学科结构单一,培养的人才与当前行业发展不匹配;学科交叉融合不够,民航业的发展需要结合不同门类的学科知识共同搭建理论学习平台,是多学科共同促进的结果。近些年来,国家大力倡导交叉学科的建设与发展。2021 年,国务院学位委员会发布《交叉学科设置与管理办法(试行)》,为交叉学科的设置与管理提供了明确指导和规范,国家设立专项基金,支持交叉学科的研究项目、人才培养和平台建设,如:国家自然科学基金委员会成立了交叉科学部,专门资助交叉学科领域的研究项目。由此可以看出,交叉学科的发展是当今高校学科建设的方向,民航高校在交叉学科的建设中紧跟国家大方向,但是依然存在学科之间间隔较大,缺乏学科融合培养的意识与平台,难以实现真正的交叉融合,不能满足民航业发展对于多元化复合型人才的需求。

学科水平与行业发展不匹配。2022 年，教育部、财政部、国家发展改革委出台《关于深入推进世界一流大学和一流学科建设的若干意见》，对标 2030 年更多的大学和学科进入世界一流行列以及 2035 年建成教育强国、人才强国的目标。民航高校作为行业特色高校，不仅要着力解决民航业内的问题，也应积极响应国家战略要求，提升学科水平。目前，中国民用航空飞行学院交通运输工程、航空宇航科学与技术、安全科学与工程为四川省优势特色学科建设点。中国民航大学的安全科学与工程一级学科入选天津市一流学科和天津市高校顶尖学科培育计划，交通运输、航空宇航和民航信息安全与应用等 5 个学科群入选天津市特色学科群，学科水平大力提升，但是距离国家双一流学科的建设目标还有很长的路要走。民航高校作为行业特色高校，在学科建设的过程中，需要明确建设目标，走特色发展之路，打造优势学科。目前，交通运输作为民航高校的优势学科，但学科排名仍不突出，教育部发布的第四轮学科评估中，中国民用航空飞行学院和中国民航大学的交通运输学科在国家的学科评估中被评为 C+。可见，特色学科不特色，优势学科不优势是目前学科水平面临的典型问题。

相关资源支持力度不够。学术队伍是学科建设的核心，学科带头人与领军人才对于学科的发展有着举足轻重的地位，学术团队是学科发展的保障。目前，民航高校教师的科研水平竞争力不够，且在人才引进方面难以吸引到高水平、高层次人才，引进人才中大多数来自普通高校，毕业于国内外高水平大学的教师数量占比较低，且有国外学习经历与国际视野的教师占比更少，师资力量较为薄弱。一流的师资队伍是学科发展的基础保障，所以提高学科队伍水平是目前学科建设的一大挑战。学科平台是学科建设的重要载体，近些年来，民航高校围绕国家和民航的战略需求，打造多元化的科研平台，加强重点实验室的建设，获得多个省部级的科研平台，成立研究中心，科技创新研究院等，但是仍面临学科交叉融合难以实现、资源分配不平衡等问题，学科平台建设水平不高，面临严峻的挑战。完善的学科建设制度可保障学科建设工作顺畅运行，其中包含资源配置分配制度、激励制度、沟通协调制度以及质量反馈制度等。目前，民航高校在学科建设方面出台了多个文件制度，如《学科建设办公室管理办法》《学科建设发展规划》《学科经费管理办法》《学科评估实施方案》等。但是，在制度建设方面依然不够健全，仍在探索与完善相关的制度建设，这是民航高校在未来的发展中需要解决的难题之一。[10]

4.3.2 人才培养方面的挑战

国际化办学水平低。民航业作为一个典型的国际化行业，其运营和发展涉及全球多个国家和地区。随着全球经济一体化的深入发展，"一带一路"倡议推动民航业走向国际化，国际航空运输市场的竞争日益激烈，民航业需要具备更强的国际竞争力才能在市场中立足。随着"交通强国"战略目标的提出，我国需要一大批能够参与国际航空运输规章政策制定，在重大决策上拥有话语权的优秀人才。因此，培养具有国际视野、熟悉国际规则、精通外语的国际化人才，对于提升民航企业的国际竞争力具有重要意义。我国民航行业起步较晚，发展滞后于其他国家。当前民航高校的人才培养仍倾向国内人才的培养，在国际化人才培养方面依然处于较低水平，且民航高校与国外高校建立的合作较少，外派出国的人才数量较少，且大多集中于学生到国外学飞，在培养高水平、高层次国际化视野的人才方面还需继续探索。

人才匹配度低。主要体现在人才与社会发展的匹配度较低，以及人才与行业发展的匹配度较低。民航高校，顾名思义是为民航业培养特定人才，在学科专业设置方面全面围绕民航业展开，专业知识与实践能力的培养也多是围绕民航业展开的，局限性较大，以致学生毕业之后在民航相关单位就业，具有较高的认可度，但是在其他行业，对于民航高校人才的认可度较低。因而，如何更加完善地服务于社会，培养复合型人才，仍需探索民航高校人才培养模式。人才与行业发展的匹配度较低主要体现在当前民航高校的高层次人才培养模式与当前行业发展不匹配，交通强国的建设需要一批德智体美劳全面发展的高素质复合型人才，而民航高校的人才培养模式在复合型人才以及创新型人才的培养中较为缺乏，培养目标与培养定位不太明确，且落地实施率较低，课程安排以及科研实践创新方面面临着较为严峻的挑战。

人才实践创新性不够。民航高校在人才培养目标设定方面符合民航业的发展需求，但是在培养目标落地实施方面有所欠缺，依然浮于形式。在培养方案设置方面，专业型硕士与学术型硕士的分类培养突出不明显，专业型硕士，在课程设置方面，仍面临专业实践型课程以及校企课程占比较少，实践基地建设较少，以及校企合作方面急需加强等挑战；学术型硕士在人才培养方面注重理论学习和科研水平的提升，但是创新能力以及与行业相融合的力度不够，且在人才培养方面，注重专业能力的提升，往往忽略自主创新能力以及自主学习能力，在发现问题并解决问题这一能力以及团队协作能力的培养方面，依然存在欠缺，培养人才的软实力方面面临严峻挑战。"钱学森之问"提出："为什么我们的学校总培养不出杰出人才？"这一问题深刻触及了中国教育领域的核心挑战。武汉大学前校长刘道玉先生对此问题做出回应，提出"一流大学的灵魂在于创造"，一针见血地指出了高校在培养杰出人才方面的本质要求，即原创性。因此，目前民航高校人才培养面临实践性、创新性不足的挑战。

4.3.3　科研创新方面的挑战

科研氛围不够，科研能力不足。科研文化较为薄弱，重教学轻科研现象依然存在。由于民航教育注重教学领域的发展这一历史沿革，以及民航高校传统的考核机制设定，更加侧重教学成果以及学生评价，所以民航高校教师面临较大的教学压力。教师的精力大多用于教学，在科研创新方面的意识较为薄弱，加之民航高校在科研创新建设方面重视度不够，因此存在科研活动较少、科研环境不佳等科研文化塑造不够等问题，组织举办的科研活动较少，师生在科研创新上的交流较少，加之资金投入不够，实验设备以及实验平台的建设不充分，难以形成较好的科研氛围。另外，科研激励不完善，在管理方面，无论是教师考核还是评优评先方面，未能建立较为完善的科研激励政策，鼓励师生积极主动参加科研活动的科研氛围不够。科研成果数量和质量不高，据有效数据统计分析，某一民航高校中SCI/SSCI 占比、国家级科研项目占比和国家级教研项目占比在 2020 年时分别为 3.39%、4.16%、2.33%。由此可见，科研成果数量和质量仍有待提升[11]。

协同创新机制不完善。科教融汇、产教融合是目前高层次人才培养的基本模式，以培养学生的实践创新能力。但是具体落地实施较为复杂，需在一个完整的体制机制下进行探索与实践。目前，民航高校尚未建立起完善的协同创新机制，合作机制不健全，与其他高校、企业以及科研机构合作的深度与广度有限，缺乏有效的合作模式和长效合作机制；激励机制不健全，对于进行协同创新的人员尚未给予一定的奖励措施，或者政策倾斜，无法调动其他人员的积极性与创造力；成果转化机制不健全，科研创新成果转化缺乏平台及资源，以致科研成果的市场价值未能充分体现出来；评价反馈体系不健全，协同创新成果的评价体系尚未明确，反馈机制不健全，无法充分反映科研团队和个人的实际贡献及创新能力。协同创新能力的提升依旧面临较为严峻的挑战，体制机制的完善仍需继续研究与探索。

民航高校研究生培养的课程教学研究

课程教学作为研究生培养的一个重要环节，是保障研究生培养质量的基础。课程学习既可以构建研究生知识体系的核心框架，还可以为研究生提供深入探究学术领域、培养批判性思维和创新能力的重要平台。通过系统的课程学习，研究生能够掌握扎实的专业基础，拓宽学术视野，为后续的科学研究奠定坚实的基础。课程教学环节包含两部分内容，即课程本身的设置以及教师教学模式。因此，在探索民航高校研究生培养课程教学建设路径时，应分以下几部分具体讨论。

5.1 课程设置的原则与政策要求

5.1.1 课程设置的原则

研究生课程设置一般从以下几方面出发：课程体系、学分设定以及课程内容。

在课程体系设置方面，研究生的课程设置通常可分为必修课程和选修课程，再进行细分，必修课程又分为公共基础课和专业学位课。公共基础课一般包含思政课程和外语课程，属于研究生学习的必备知识；专业学位课则是该学科专业必修要掌握的通识性的专业课程，一般包含数学类的课程以及修读本学科专业任何方向的专业基础课程。这些课程是研究生阶段必须要完成的课程。另外还有选修课程。选修课程一般包含全校公选课和专业选修课，包含种类较多，如专业技术课程、实验课程、人文素养课程、创新创业活动等。全校公选课一般是学校特色的课程或者是体育、美学以及劳动等方面的课程，研究生只需根据自己的兴趣爱好进行选择。专业选修课则是本学科专业内的不同研究方向下开设的课程以及跨学科或者跨方向的一些课程，研究生可根据自己的研究方向，选择相关的课程进行修读，以此拓宽自己的理论学习深度与广度。

在学分设定方面，不同的学科门类归属于指定的教育指导委员会管理（简称"教指委"），教指委会出台相应学科门类的研究生指导性培养方案，在该培养方案的模板上，根据自己高校研究生培养的现状进行修改完善。其中，在课程设置环节中，明确规定学分设置，总学分、公共基础课学分、专业必修课学分、选修课学分等均做了详细的规定。例如，在最新版的"研究生指导性培养方案"中，制定工程类硕士专业学位研究生培养方案的指导意见里提到：课程学习和专业实践实行学分制，总学分应不少于 32 学分，其中课程学习不少于 24 学分，课程学习 16～20 学时可计作 1 学分。因此，在相关指导意见下，衡量各个类型课程所占的比重，从而进行学分设置，针对不同学科专业的培养目标，在课程学分设置方面差异性较大，以此体现出研究生教育的多元性与开放性。

在课程内容设置方面，研究生课程不再仅仅只是理论知识的灌输，对于民航高校而言，研究生教育的课程内容更是凌驾于理论知识学习之上的更有深度的能力培养。因此，在课程内容设置方面，第一，注意学科专业性与前沿性相结合。首先贴合本学科专业的研究范畴，区别于本科的专业知识传授，教学内容上是更高阶的体现，着重体现课程内容的深度广度。另外，需紧跟行业前沿，并将其与学科专业知识完美融合。第二，基础性与拓展性并重。尊重本学科专业的理论基础，依然保留经典传统的理论知识，但是研究生教育更注重拓展性，将基础知识与理论拓展相结合，是研究生课程学习的关键。第三，理论与实践相结合。研究生教育，特别是民航高校研究生教育，更加注重实操能力，在理论知识学习的同时如何更好地应用于工作实践中，是研究生课程内容设置的关键。第四，灵活性与规范性相结合。研究生培养较为灵活，课程内容的设置需根据行业的发展以及社会的需求进行调整，但是民航业各种规章制度以及标准规范则不能灵活调整。因此，在教学内容设置过程中也需要将灵活性与规范性相结合，实现因材施教与个性化培养共促进的研究生教育模式。第五，国际化与本土化相融合。民航业与世界接轨，行业发展国际化水平较高，在人才培养方面，要注重国际化的知识与技术的传授，同时也要强调本土化知识。因此，将国际化与本土化知识完美融合，也是课程内容设置的原则之一。

5.1.2　课程设置的相关政策要求

近年来，国家相关教育部门针对研究生的课程设置出台了较多的指导性政策文件：

2023 年，教育部发布《教育部关于深入推进学术学位与专业学位研究生教育分类发展的意见》（教研〔2023〕2 号）。该文件强调了学术学位与专业学位研究生教育的分类发展，并且要求课程设置体现不同类型研究生的培养目标和要求，明确指出学术学位研究生培养方案应注重学术创新能力培养，加强学术研究方法训练；专业学位研究生培养方案须遵照全国专业学位研究生教育指导委员会发布的最新版本指导性培养方案，设定必修环节和必修课程。

2024 年，国家出台《中华人民共和国学位法》，虽然没有直接对课程设置进行详细规定，但为研究生教育提供了法律框架，强调了学位授予的规范性和质量要求，间接指导了课程设置的合理性和科学性。

同时，国家相关教育部门还出台了具体实施方案和指南：

教育部会定期发布《研究生教育学科专业简介及其学位基本要求》。该要求为各学科专业提供了详细的学科简介和学位基本要求，是制定课程设置的重要依据。

由国务院学位委员会和相关专业学位研究生教育指导委员会编制的《学术学位研究生核心课程指南》和《专业学位研究生核心课程指南》，进一步明确了各学科专业的核心课程目录。高校在进行课程设置时，需参考这些指南，确保核心课程的开设和学分的合理分配。

国家相关教育部门出台了课程建设和管理相关制度：

2014 年发布《教育部关于改进和加强研究生课程建设的意见》。该文件强调了课程学习在研究生培养中的重要作用，提出了加强课程建设的具体意见和要求。

在各个高校内部，通常依据国家相关教育部门发布的相关政策制度等制定适合本校课程设置的管理制度。

各高校根据自身情况和学科特点，制定了相应的课程设置管理制度。例如：中国民用航空飞行学院研究生课程教学方面的相关文件有《中国民用航空飞行学院研究生课程教学管理规定》《中国民用航空飞行学院研究生课程思政实施细则》等文件。这些制度文件确保了课程设置的科学性和规范性。

另外，还有其他相关文件和通知。各高校和研究生培养单位还会根据教育部的最新要求和政策导向，制定具体的实施细则和通知，对课程设置进行进一步的要求和指导。

5.2　民航高校研究生课程的设置研究

5.2.1　民航高校研究生课程思政建设的路径探索

育人为本，德育为先。民航院校研究生的培养主要是为我国民航强国的实现培养高层次的民航业精英人才，毕业之后主要在民航政府部门、空管局、航空公司、机场和科研院所等从事航空器运行和维护，空管、签派、航行情报、航空气象，机场规划设计及运行安全管理，航空运输系统事故应急救援等工作。所有岗位的工作都关系到成千上万人员的生命安全，对思想政治素质的要求极高。而在研究生的培养过程中，学校和老师的重点在于提升学生的学术能力和专业技能，对在培养中融入思想政治素质教育的意识不够。目前学生的思想政治教育仅靠两门思政课程，这显然是比较薄弱的。在后续的专业课程及科研培养环节中，学生如果受到其他思想的影响，之前的教育就会功亏一篑。2014年，上海率先提出"课程思政"，并在高校中实践。课程思政的实施就是在传授专业课知识的过程中，将思政内容无声地渗透进去，结合民航业特色与培养目标，将思政教育渗入研究生培养当中来，在提升专业技术能力的同时增强自身的德育素养，达到教育最初的目的——育人为本[12]。

在众多研究中，学者普遍认为课程思政是指依托或借助思想政治理论课、专业课、通识课等课程而开展的思想政治教育实践活动[13]。为实现"立德树人"总目标，促进研究生教育改革，提升研究生教育质量，须以"课程思政"建设为抓手，大力构建"三全育人"教育新格局，这也是落实立德树人根本任务的必然要求，培养出社会主义建设者和接班人[14]。

民航高校的发展史是民航业的成长史，历史积淀颇为浓厚，在课程思政的建设过程中，思政元素丰富，民航高校具备红色基因，在学生培养中历来重视思想水平的提升，思政基础浓厚；民航高校行业属性明显，课程思政建设主线明确。民航院校研究生政治思想素质的要求是要紧密结合民航业的职业素养，主要内容包含培养学生强烈的爱国情怀、安全意识、责任意识和服务意识等并使之有机统一[14]。

爱国情怀是每一个民航从业者必须具备的素养，饱含对祖国的深厚情感，对民族的自豪感，对历史的尊重，对国家的责任与担当，遵从国家的发展战略需求，践行社会主义核心价值观，树立四个意识，坚定"四个自信"，通过讲述中国航空事业的发展历程、航空英雄的爱国事迹等，激发学生的爱国情怀和民族自豪感，在校园内建设具有航空元素的雕像、展厅等文化设施，增加爱国情怀氛围，实现中华民族伟大复兴中国梦。

安全意识是每一个民航从业者的必备本能，是民航业发展的基石和生命线。安全意识的提升首先需提升技术水平，灌输专业技术水平提升的重要性，扎实的专业技术功底是安全开展工作的前提；民航业工作的开展离不开规章制度，敬畏生命，学习规章，遵守规章，汲取事故教训，通过案例教学，传授安全意识。

责任意识是每一个民航从业者的基本素养之一，应时刻将乘客的生命安全放在首位，对乘客负责，对行业负责，对岗位负责，对生命负责。有担当，有责任地做好每一项工作是民航工作人员的职业操守。

服务意识是民航业的基本素养。民航业是服务行业，乘客的体验感是民航业发展的基础，因此，应时刻注意加强服务意识，包含：服务乘客，应提供热情、周到、专业的服务，确保旅客在登机、下机、行李搬运等环节得到良好的服务体验，保障旅客的所有权益；服务社会，积极参与到社会服务中去，具备参与抗震救灾，森林灭火，人工干预天气等一系列的服务理念，积极融入航空业的建设当中去，始终具备服务社会的意识[12]。

民航高校研究生课程思政建设路径中，以建设民航高校自己的校本思政课为主体，促进思政课程与课程思政的完美融合，形成"一体两翼"的建设理念，实现民航高校课程思政建设体系，提升民航高校人才培养质量。

"一体"：民航高校的发展伴随着民航业的兴衰，是民航业的奋斗史，它承载着无数革命先辈的辛勤耕耘与无私奉献，展现了不屈不挠、勇于开拓的红色基因。从"两航起义"到如今的翱翔天际，民航人始终以国家发展为己任，以旅客安全为使命，不断挑战极限，突破自我，书写了一部部感天动地的奋斗篇章，彰显了深厚的爱国情怀和坚定的革命精神。这不仅是技术的革新与飞跃，更是红色基因在民航领域的生动传承与弘扬。建立民航高校自己的校本思政课程，既是民航高校特色的凸显，又是涵盖民航业的兴衰发展以及民航精神的传递，不仅使学生更加深入地了解民航发展史，又可以增强学生的爱岗敬业专业素养，还可以提升学生的归属感与责任感。民航高校是为民航业培养专业技术型人才，因而深入了解民航业的发展史，是提升学生职业素养的重要途径。

"两翼"：民航高校研究生课程设置中包含两门思政课程"新时代中国特色社会主义理论与实践"和"自然辩证法"或者"马克思主义与社会科学方法论"。这两门思政课程属于研究生课程中的公共学位课，是研究生课程的重要组成部分。它们对于培养学生的思想政治素质、道德品质和人文素养具有重要意义，旨在引导学生深入学习中国特色社会主义理论体系，掌握马克思主义的基本立场、观点和方法，提高分析问题和解决问题的能力，培养学生正确的世界观、人生观和价值观，坚定理想信念，增强社会责任感和使命感，这对于研究生在未来的职业生涯中遵守职业道德、履行社会责任、实现个人价值具有深远的影响。这是研究生思想道德水平提升的最直观、最有效的方式之一。在国家大方向的指导下，上好思政课，是提升研究生思想道德水平的基础。

课程思政的开展即在专业课程中融入思政元素，悄无声息地进行思想政治素养的提升。专业课，顾名思义是讲授专业知识，往往在教师讲课备课的过程中只是干巴巴的知识传授，课程思政的提出，实现了思政教育全程融入的目标。专业课程行业特色鲜明，专业课程教师挖掘思政元素较为困难，因此可以与思政课教师成立专业课教师团队，利用思政课教师的思政敏感性去挖掘专业课中的思政要素，结合民航精神以及行业标准进行课程的构建，强化品德培养与职业素养深入，将专业知识讲活，实现专业技术知识能力与育人目标的共同提升，使技能水平具有灵魂，实现全方位全过程的育人目标[12]。

5.2.2 民航高校核心课程的设置研究

课程学习是保障研究生培养质量的必备环节，在研究生成长成才中具有全面、综合和基础性作用。国家为了支持建设研究生核心课程，发布了一系列的重要文件及相关政策要求：2014年发布《教育部关于改进和加强研究生课程建设的意见》。该文件是指导全国高校加强研究生课程建设的重要政策依据，明确了课程学习在研究生培养中的重要作用，并强调要高度重视课程学习，加强课程建设，提高课程质量，以全面提升研究生的综合素质和创新能力。

为深入贯彻党的十九大关于实现高等教育内涵式发展的要求，落实全国研究生教育会议精神，落实《中国教育现代化2035》，加强研究生课程建设，提高研究生培养质量，国务院学位委员会第三十四次会议决定，组织专家编写《专业学位研究生核心课程指南（试行）》《学术学位研究生核心课程指南（试行）》[15]。该指南按一级学科和专业学位类别编写，共7本，1 533门课程，主要包括基础理论课和专业课，体现本学科、本专业类别的基础理论和专门知识，并与相关学位授予和人才培养要求相衔接。指南的出台为研究生核心课程的设置、讲授和学习提供了重要依据。

除上述两个专门针对研究生课程建设的文件外，国家还发布了一系列与研究生教育改革相关的政策文件，如教育部、国家发展改革委、财政部发布的《关于加快新时代研究生教育改革发展的意见》，将"规范核心课程设置，打造精品示范课程，编写遴选优秀教材，推动优质资源共享"作为重要举措，并启动实施全国研究生"课程教材建设质量提升行动"。这些文件也强调了对研究生核心课程建设的支持和指导，共同构成了国家加强研究生核心课程建设的政策体系。这些文件和政策旨在加强研究生课程建设，提高研究生培养质量，推动研究生教育内涵式发展。

全国研究生教育会议强调要提升课程质量，制定各学科专业的核心课程指南，开展学科核心课程建设，是研究生教育领域一项非常重要的工作。专业学位、学术学位研究生核心课程指南发布后，民航高校积极响应。例如，中国民用航空飞行学院进行校级研究生优质课程建设，以培养高素质创新人才为目标，通过借鉴国内外研究生教育的先进经验，强调理论教学与科研实践的紧密结合，注重课程教学理念、教学方式、教学内容、考核方式的先进性和有效性，促进课程教学的科学化、规范化、信息化，达到以优质课程建设带动其他课程建设、提高整体教学水平，并保证教学改革可持续发展的目的。立项或验收的校级优质研究生课程优先具备各类研究生课程评奖评优的申报资格，以此鼓励积极申报优秀课程。课程遴选与设置是工作的基础，为此，中国民用航空飞行学院制定相关评分表，细化课程建设指标体系及评分表，分为师资队伍建设、教学条件建设、教学质量以及特色四大部分内容，且每一部分又具体细化为二级指标，按照详细的评价标准进行打分，基于分类建设的理念，将评比指标量化，在深入研究探讨的基础上，形成突出学科特色、体现学校水平的优质课程建设目录。划拨专项经费，共立项建设15门课程，拟通过加强师资配备、强化课程设计、优化课程内容、创新教学模式、完善考核形式等一系列举措，提升研究生课程质量，并形成标志性建设成果。通过课程建设，可以培育出科研教学并重的教学团队，输出高水平教材、精品课程等标志性建设成果，为全面提高研究生课程教学质量，充分发挥研究生优质课程的引领性作用。且优质课程建设是持续性工程,优质课程验收结束后可继续申请精品课程，对课程进行继续建设，以打造高水平、高质量课程为目的。

5.2.3 民航高校实践创新型课程的开设与探索

近年来，民航业飞速发展，对创新型复合型人才的需求日益增加。在世界新技术、新业态不断涌现的背景下，民航高校作为民航人才培养的主阵地，应顺应发展趋势，积极进行实践创新能力的培养，为行业输送更多具有创新意识的复合型人才。依托课程学习环节，积极进行实践创新课程建设，直观地提升研究生实践创新能力。

开设实践课程。民航高校结合民航业的特点，要求各学科专业开设具有专业特色的实践课程，如航空器维修、空中交通管理、飞行技术模拟等，构建相应的实践平台、教师团队，配备先进的教学设备和工具，确保学生能够在真实或模拟的环境中进行实践操作。这些课程通过模拟实验、实训操作等方式进行，避免学生虽然在实践中能掌握专业知识和技能，但具体落地实施过程中又面对较多挑战，无法达到实践创新能力提升的预期目标的困境。因此，探索实践创新型课程的开展模式需要深入研究，如何调动学生的积极性、现场展示、案例讲解等多种途径并用，并探索最优的考核方式，避免实践创新型课程的学习浮于形式，同时积极进行评价反馈，组织学生进行总结和反思，回顾实践过程中的经验和教训，提出改进意见和建议。另外，教师也要对实践课程的教学效果进行评估和反思，不断完善和优化实践课程体系。

开设校企联合课程。校企协同育人是当前研究生培养的新模式，也是培养研究生实践创新能力的新方法。民航高校要求各个学位点均建设校企联合课程，邀请企业讲师与校内教师共同参与建设，共同备课，共同授课，可以采用讲座的形式或者线上线下相结合的上课形式来开展。企业方讲师需传授民航业发展前沿知识，讲授企业面对的问题以及解决问题的思路与方法，最重要的是具体的现实案例讲解，推动学生进一步走近企业，了解企业，潜移默化地增强学生的实践创新能力。校方教师则需要讲授好理论知识，配合企业方教师完成课程的授课，进一步实现理论与实践的结合。

5.3 课程教学的模式探索

5.3.1 师资队伍的建设

师资队伍建设是课程教学质量提升的关键环节，关系到人才培养质量的提升与人才培养目标的实现。哈佛大学前校长科南特说过："大学的荣誉不在于它的校舍和人数，而在于它一代又一代素质优良的教师，一所学校要站得住脚，教师一定要出色。"[16]因而，首先需明确师资队伍的建设目标为培养专业型、创新型的高素质人才，需要具备扎实的专业技术知识。民航业属于实践应用型行业，人才培养对于专业技术能力的要求更高，因此扎实的专业知识功底是师资队伍建设的基本要求，要求专业教师不仅要有深厚的理论知识，还必须有丰富的实践经验，还需要强化创新型思维，鼓励教师积极进行教学创新，探索新的教学方法和手段，提高教学效果。

数量充足的师资队伍是保障研究生教育质量的基础。扩大师资队伍规模，须制订科学合理的招聘计划，加强宣传，广开渠道，积极引进年轻博士充实到导师队伍中去。优化师资队伍年龄结构。队伍年轻化是事业不断发展的动力，高校处在全社会新思想、新知识、新技术发展的最前沿，高校接受新思想、新知识、新技术的能力，关系到高校的竞争水平和发展速度。年轻人富有活力，接受新事物快，适应新形势快，掌握新技术快，因此，师资队伍的年龄结构和知识水平直接影响高校今后的发展速度[17]。

研究生招生规模的扩大，生源结构的复杂，对从事研究生教育的师资队伍提出了更高的要求。要求指导教师不仅要有深厚的理论知识、丰富的实践经验，还需要有高尚的道德情操和扎实的人文素养[17]。因此，最重要的是加强师德师风建设，强化思想政治教育，定期开展师德师风教育活动，引导教师树立正确的教育观、人才观和质量观，进一步完善师德师风考核机制，将师德师风表现作为教师考核、职务晋升和评优评先的重要依据，树立师德师风典范，通过表彰和宣传师德师风优秀人员，进一步营造尊师重教的良好氛围。提升教师教育科研能力，加强教师培训，定期组织教师参加各类培训，包括专业教学理论、教学方法、教学技术等方面的培训，以及鼓励教师参加专业理论的培训，提升自身的科研水平，实施导师制度，为新入职教师配备经验丰富的教师，进行一对一的指导和帮助，鼓励教学研究，支持教师开展教学研究项目，探索适合学生特点和课程特点的教学方法。优化教师资源配置，加强教师流动，鼓励和支持教师在不同部门、不同学科之间进行交流和学习。实施分类管理，根据教师的专业背景和教学特点进行分类管理，充分发挥每一位教师的优势，保障教师待遇和权益，提高工资待遇，完善福利制度，为教师提供医疗保险、住房补贴、子女教育等相关的福利制度，解决教师的后顾之忧，确保教师全身心地投入工作。加强教师职业发展规划，为教师提供职业发展规划和晋升机会，增强教师的职业归属感和幸福感。推进教师队伍治理优化，建立健全教师管理制度，包括教师评价、考核、激励和约束机制，加强团队建设，鼓励教师之间的合作与交流，形成团结协作的教学团队，推动信息化建设，利用信息技术手段提高教师队伍的管理效率和服务水平。

通过规模扩充、年龄结构优化、管理制度健全等措施，进一步推动高素质、高水平的师资队伍建设，为研究生培养奠定基础。

5.3.2 教学方式的探索

研究生课程不同于本科课程。本科课程主要在于知识的传递，通常是大班上课，课程内容多以理论知识学习为主，教学方式较为单一。研究生课程则更注重能力的挖掘与培养，以小班教学为主，注重学生的个性化培养，上课方式多样化，通常以线下教学为主，线上教学与实践教学为辅的教学模式。

传统教学方式。传统教学方式一般以讲座式教学和小班教学为主。讲座式教学是教师就某一主题进行深入讲解，学生则通过听讲、记笔记等方式学习，主要是教师讲，学生记，通常适用于公共基础课程、英语或者政治类的课程，属于通识性课程的教学方式。这种方式有助于学生对专业知识进行系统学习，但也需要学生具备一定的自主学习和思考能力。小班教学时学生数量较少，注重学生的个性化发展，师生之间的互动和交流更加频繁，教师讲授或者学生讲授，实现翻转课堂，也会以研讨式教学的形式展开，共同探索与研究某一知识点，实现师生互学，或者是案例教学，民航高校与行业关系极为紧密，行业案例成为教学的工具，通过分析具体案例，引导学生深入理解和运用所学知识。案例分析能够帮助学生将理论知识与实践相结合，提高解决实际问题的能力。这类教学方式有助于教师更好地关注每位学生的学习情况，提高学生的学习兴趣，提供个性化的指导和帮助。

实践教学。研究生培养注重实践能力的提升，实践教学是研究生课程方式的重要一种。研究生课程的上课地点多样化，不仅局限于多媒体教室，有可能会在研修室，又或者实验室，更或者实践基地开展。研究生的实践课程可能会以某个项目研究的形式展开，学生需要在教师的指导下进行实验设计、数据分析和论文撰写等工作，这种教学方式有助于培养学生的实践能力和独立解决问题的能力。另一种方式是，研究生通过在企业或研究机构进行学习，真实场景的实践教学，可以使学生亲身体验工作环境和流程，了解民航业最新动态和技术发展趋势；实训类课程能够帮助学生将所学知识应用于实际工作中，提高职业素养和就业竞争力。

在线教学。网络技术的快速发展，推进了线上学习的使用。线上学习一般分为两种，即线上课程学习平台和直播讲课。线上课程学习平台，一般是指教师将提前录制好的课程上传至网络平台，且包括了各大高校、各个专业、各种教师的各类课程，研究生可以根据自己的需求进行选择。这类课程通常具有通用性的特征，知识点适用于大众化的学习，而针对某一行业某一方向的课程数量极少。这种教学形式可以实现研究生足不出户就进行学习，学生通过网络平台观看视频课程、参与在线讨论、提交作业等。在线学习具有时间灵活、资源共享等优点，但也需要学生具备良好的自主学习和自我管理能力。为了解决特殊时期学生不能集中上课的问题，直播授课成了大多数学校的选择。但是课程的顺利进行受到很多因素的影响，如网络顺畅是直播的一大重要因素。另外，课程质量的把控以及课程考核的监测也是一大挑战。

研究生课程教学方式是一个不断探索和创新的领域。未来，随着教育技术的不断发展和教育理念的更新，研究生课程教学方式将更加多元化和个性化，但是，需始终注重培养学生的自主学习能力和创新思维，以适应快速变化的社会和行业需求。

5.3.3　教学质量的保障

保障研究生教学质量是研究生教学的基础条件，一般分为以下三种形式：政策制度建立、教育技术管理和督导巡查方式。

政策制度建设。加强顶层设计，将教学质量作为研究生教育质量提升的一大抓手，建立健全制度建设，包括课程建设管理，其中包含课程大纲的修订，根据社会的发展与行业进步，及时更新完善课程大纲的内容，设定清晰、可衡量的教学目标，确保教学活动围绕这些目标展开，制定详细的课程标准，包括教学内容、教学学时、教学方法、考核方法等，确保教学的一致性和规范性。另外，还有新开课程的建设，需要按照文件规定，论述开课的必要性与意义，适用的学科专业，课程的教学团队以及课程大纲等，保障课程本身的质量建设。完善课程质量评价体系建设，建立多元化的评价体系，包括学生评价、同行评价、自我评价等多种方式，全面评价教学质量，定期对教学活动进行评价和反馈，及时发现和解决问题，改进教学方法和效果，鼓励学生参与评价过程，收集学生的意见和建议，了解学生的需求和期望，并做出进一步的改进与完善。

教育质量技术监测。教育质量技术监测多用于教学过程质量的监控。随着网络技术的发展与普适化，民航高校需加强研究生教育的信息化建设，投入足够的专项经费，用来升级改善教学设施与设备，研发教学质量监测系统，通过与教室设备相连，可以直观地实时监测到课堂情况，使系统能够自动或手动收集来自教师、学生、教学管理者以及教学过程中的各类数据。这些数据包括但不限于学生的学习成绩、课堂参与情况、教师的教学效果、教学资源的使用情况等，对收集到的数据采用先进的数据分析技术，进行深入挖掘和分析，通过统计分析、趋势预测等方法，发现教学中存在的问题和亮点，为后续的决策提供科学依据；将分析结果以直观、易懂的方式呈现给相关人员，以教学质量评估报告、学习成效分析报告等形式呈现，帮助教师和管理者了解教学现状，及时调整教学策略和管理方法。教育技术的发展不仅可以保障课程教学质量，更能为教学管理者和教师提供更多的决策支持以及改进措施，有助于教学管理。

督导巡查。民航高校在教学质量监控部分均会建立起自己的督导组，一般是由学院领导以及具有较大影响力的教师组成，部分高校会选择由即将退休的老教师进行督导。一方面，因为即将退休的老教师的时间较为空余，另一方面，即将退休的老教师工作年份较久，教学经验丰富且态度严肃认真，通常会以现场听课的形式进行，并且进行记录反馈。教学质量检测系统完善的高校，督导组可以实现网上听课、自主评分等操作，能提高听课效率以及进行科学合理的打分，并且便于管理者收集相关评价结果，用于教学质量的提升与检测。

5.4 民航高校研究生教学资源建设的研究

目前，民航高校在研究生教育培养方面已经探索多年，已经积累了一定的教学资源基础，目前正处于快速发展与持续优化的阶段。随着民航业的迅猛发展和对高端人才需求的日益增长，各大民航高校纷纷加大投入，致力于构建集实践教学、科研创新、国际合作于一体的综合教学资源体系。具体包括：建设高水平的实验实训基地，引进先进的模拟机和训练设备，以满足复杂多变的民航运营环境对专业技能的高要求；同时，加强师资力量建设，引进和培养具有丰富行业经验、深厚学术背景的优秀教师，通过产学研合作、学术交流等形式，不断提升教学团队的整体素质和创新能力。此外，还积极搭建线上线下相融合的教学平台，利用大数据、云计算等现代信息技术手段，丰富教学资源，创新教学模式，实现教育资源的优化配置和共享，以培养更多具备国际视野、创新能力和扎实专业技能的民航高层次人才。

5.4.1 研究生课程教材建设的探索

研究生课程教材建设是提升研究生课程教学质量的基础，是研究生学习的主要依据，它承载着学科的前沿知识、研究成果和教育理念。高质量的教材能够帮助学生系统地掌握专业知识，培养创新思维和实践能力，进而提升未来职业发展竞争力。

为建设高质量系统化的研究生课程教材，民航高校均通过一系列举措鼓励研究生教材的建设。通过制定相关的制度，例如：研究生教材建设管理办法，明确研究生教材建设的目标、原则、组织机构、申报程序、评审标准、经费管理等内容；研究生教材建设项目申报指南，划拨专项经费用于研究生教材建设，鼓励教师积极申报并建设；研究生教材评审标准，明确教材评审的具体标准和指标，如内容的前沿性、实用性、创新性、编写质量等，为教材的编写指明方向。

在教材建设中，需要紧跟学科发展前沿，注重将学科前沿知识和最新研究成果纳入教材内容，确保教材的时效性和前沿性，鼓励教师进入行业，了解行业最新动态，将实践经验和行业知识融入教材编写中。研究生教材的内容需注重理论与实践的结合，案例分析等要求占据大部分内容，建设校企教材，与企业合作，共同开发教材，使教材更具实用性和针对性。在信息技术发达的社会，需要充分利用技术手段，开发电子教材，融入视频音频等多媒体手段，丰富教学形式，提高教学质量。

5.4.2 研究生课程其他资源的探索

教学资源是保障日常教学的手段，是教学质量的保障。随着网络技术与信息时代的快速发展，教学模式将不再是传统的线下授课形式，而是线上线下相结合，校企联合授课、产学研结合的培养以及实践讲学等形式逐渐涌现。多元化的教学模式依托于最新的教学资源。

教学设备。投入专项经费，对多媒体教室进行改进与完善，增加智慧教室的建设。智慧教室是利用物联网、云计算、大数据等现代信息技术，将教学环境、教学资源、教学活动进行智能化、网络化、数据化的一种新型教室形态，集成了多种信息技术，能为师生提供更加互动、高效、便捷的学习环境。通过触摸屏、智能白板等设备，支持师生间的实时互动和合作，教师可以利用这些工具进行演示、讲解和提问，学生可以即时回答和反馈，提高课堂效率。采用人脸识别、智能签到等技术，自动记录学生出勤情况。教师可以通过智慧教室平台高效管理课堂纪律和学习进度，提高课堂管理效率，利用大数据和人工智能技术，根据学生的学习情况和需求，提供个性化的学习资源和学习路径，通过视频会议和在线协作工具，支持异地教学和学习，借助智能评测工具，实时跟踪学生的学习效果，还能为教师提供及时的教学反馈和建议，帮助教师调整教学策略和方法，提升教学质量。总之，一方面促进了教育信息化的快速发展，另一方面有效地保障了教学质量。

实训基地。随着研究生招生规模的急剧扩张，民航业对于学生专业实践能力的需求逐渐增加，实训基地数量不足以支撑研究生的实践能力培养，因而需加强与民航单位建立联系，呼吁国家加大财政投入，通过设立专项资金、提供财政补贴、税收优惠等方式，鼓励企业、学校和社会力量投资建设实训基地，将实训基地建设的支持度作为产教融合型企业遴选的重要标准之一，提高企业参与校企合作的积极性；开启校企合作新模式，通过不同形式，增加实践基地数量，学校提供场地，企业投入设备、技术和管理，共建生产性实训基地。这种模式能够为学生提供真实的职业岗位环境，提高人才培养质量。另外，还应加强与民航高校的交流合作，与企业合作建立实训基地，实现资源共享和优势互补，推行现代学徒制人才培养模式。

5.5 研究生课程建设实例分析——基于 SWOT 分析的民航高校研究生课程思政建设路径探索

SWOT 分析法又称态势分析法，注重内外联动，主要是对研究对象进行综合分析，分析其内部存在的优势（S）、内部存在的劣势（W）、外部的机会（O）以及外部的挑战（T），最终形成矩阵的形式，全方位对其进行系统的分析研判[2-3]。基于此分析方法，在进行民航高校研究生课程思政建设时，需要充分认识到民航高校研究生培养的优势与不足，以及将要面临的机遇与挑战，最终依据结论，进一步分析民航高校研究生课程思政建设的重点与难点，实现民航高校研究生课程思政建设。

民航高校研究生课程思政建设的内部优势分析：民航高校的发展史是一个行业的成长历程，民航高校历史积淀颇为浓厚，在课程思政的建设过程中，思政元素丰富，选取容易；民航高校具备红色基因，在学生培养中历来重视思想水平的提升，思政基础深厚；院校行业属性明显，课程思政建设主线明确；专业课与选修课颇具特色，课程思政案例库建设完善[4]；研究生大多实行小班教学，在教学形式与教学方法上与本科相比较为灵活，可较好地进行师生互动，采用翻转课堂、线上线下相结合等教学方式，从教学手段上实现课程思政的建设；研究生的培养环节多，不仅包含课堂学习，更重要的是导师指导与实践环节，课程思政的建设可实现多方位、多角度融入。

民航高校研究生课程思政建设的内部劣势分析：民航高校受行业发展影响较大，在院校建设过程中，由于其特殊性，发展较为封闭，其他综合性高校的建设经验不能广泛适用于本校的建设，借鉴采纳的经验相对较少；民航高校研究生生源多样，除了少部分来源于本行业，其他高校占比较大，对行业背景、行业发展了解较少，对行业文化认同感较弱；民航高校研究生课程教师多为专业教师，在课程思政实施过程中，面临较大困难；大部分民航高校研究生培养模式与课程体系正处于不断完善与探索过程中，课程思政的实施较为生硬；研究生队伍培养模式较为自由化，课程思政的建设体系更加复杂多样；研究生个体差异化较大，具备相对专业的科学思维、相对丰富的社会经验、绝对独立的思想观念，以及绝对自由的理想信念，实施过程中的阻碍较大[5]。

民航高校研究生课程思政建设的外部机遇分析：① 国家政策指导。2019 年 8 月，中共中央办公厅、国务院办公厅印发了《关于深化新时代学校思想政治理论课改革创新的若干意见》，对思政课程的建设，思政课程的内容，思政课程的教师队伍和课程思政的教材建设进行了深入的指导。② 国家增强监督机制建设。2020 年 5 月，教育部印发《高等学校课程思政建设指导纲要》，明确提出建立健全多维度的课程思政建设成效考核评价体系，将课程思政建设成效纳入"双一流"建设监测与成效评价、学科评估、本科教学评估、一流专业和一流课程建设、专业认证、职业教育"双高计划"评价、高校教学绩效考核等评价考核中。③ 国家完善奖励机制。在教学成果奖、教材奖等各类成果的表彰奖励工作中，突出课程思政建设，加大对课程思政建设优秀成果的支持力度，评选课程思政示范课程、课程思政教学名师和团队、课程思政教学研究示范中心等。④ 国家提供更多支持，投入专项资金进行课程思政建设。⑤ 社会的重视度较高，社会对于人才思想道德素养的考查更为重视。

民航高校研究生课程思政建设的外部挑战分析：民航高校研究生培养规模相对较小，社会重视度不够，政策支持，资金投入方面占比较小；课程实施的技术力量不够，无论是线上课程开展还是线下课程互动，教学资源相对较为匮乏。

民航高校研究生课程思政建设路径分析：以上通过使用 SWOT 模型对民航高校研究生课程思政建设内部的优劣势以及外部的机遇与挑战进行分析研究，得出民航高校由于其自身历史发展以及行业背景影响，其内部的优势始终大于劣势，但在资源的分配方面存在不均匀的情况，所以民航高校研究生的课程思政建设始终不完善。总之，外部的机会远远大于外部的挑战，将以上 SWOT 分析形成矩阵如图 5.1 所示。

（1）要抓住机遇，凸显优势，持续深化研究生课程思政建设（SO 路径）。

路径分析 内部环境 外部环境		优势（S） 1.思政元素丰富； 2.思政基础浓厚； 3.行业属性明显，思政主线明确； 4.课程颇具特色，案例库建设完善； 5.小班教学，课程呈现方式多样化； 6.培养环节丰富，实施路径多样化	劣势（W） 1.发展封闭，可借鉴的经验较少； 2.研究生生源多样，院校文化认同感较弱； 3.专业教师实施起来较为困难； 4.培养模式、课程体系机制不完善； 5.研究生个体差异化大
机遇（O）	1.国家出台政策文件支持课程思政建设； 2.国家增强监督机制建设 3.国家完善奖励机制； 4.国家专项资金支持； 5.社会重视度高	SO路径 1.结合国家相关政策，行业院校持续鼓励与支持研究生课程思政工作的开展； 2.充分利用行业院校的思政优势，继续开发思政元素，建设案例库； 3.充分利用本行业的发展特色，开展一门校本思政课； 4.利用小班教学的优势，探索新的课程思政教学方式方法； 5.细化培养环节，显隐结合开展课程思政建设	WO路径 1.以开放的理念办特色研究生教育，加强与其他高校的沟通交流； 2.加强入学教育及相关专业理念传递，完善研究生的日常管理，增强归属感； 3.在国家政策基础上，加强顶层设计，完善课程思政相关体制机制建设，健全与完善学校奖励机制； 4.在国家政策的支持下，成立课程思政研究团队，提升教师参与度
挑战（T）	1.研究生培养规模较小，重视度不够； 2.国家支持的用于研究生培养的较少； 3.课程实施的技术力量不够	ST路径 1.继续扩大研究生培养规模，进行特色发展，增强行业院校影响力； 2.针对研究生课程的特点，改进教学方式，多元化开展课程思政建设	WT路径 1.扩大招生规模，提高生源质量，完善入学教育； 2.加强顶层设计，完善课程体系及培养机制建设

图 5.1 课程思政建设的 SWOT 矩阵分析

第一，结合国家相关政策，民航高校持续鼓励与支持研究生课程思政工作的开展。国家出台一系列课程思政的相关政策，进行课程思政奖励机制建设，并划拨专项资金用于支持课程思政的研究，民航高校应迎合目前一系列良好的环境，在本科生课程思政建设基础上，出台本院校的研究生课程思政建设文件，用于指导研究生课程思政建设；完善奖励机制，评选课程思政相关示范课程、教学团队以及教学名师等，进一步激励研究生课程思政建设工作的推行；进行课程思政研究的专项资金支持，作为研究生课程思政建设的基础力量。

第二，充分利用民航高校的思政优势，继续开发思政元素，建设案例库。民航高校具备浓厚的发展史、奋斗史以及与生俱来的红色基因，这些都可凝练为课程思政建设的核心：思政元素与思政案例。行业的发展史恰恰正是中国共产党领导全国人民建设新中国的抗争史，是中国特色社会主义建设的奋斗史，更是中国共产党百年奋斗的发展史，结合党史、新中国史、改革开放史、社会主义发展史的"四史"背景，传承红色基因，并结合近现代行业的发展之路，进一步汲取思政元素，完善案例库建设，扎根中国大地，实现民航高校研究生课程思政的特色建设。

第三，充分利用本行业的发展特色，开展一门校本思政课。扎根中国大地办好中国特色社会主义大学，是我国大学办学的宗旨，作为民航高校，在研究生的培养中不仅要注重守正创新，更应立足本行业，坚守初心，坚守特色，以行业的发展史、奋斗史、行业文化、行业特色作为体系建设主线，凝练为当代行业精神贯穿于整个体系框架。在进行课程思政建设时，除了对思政课程以及专业课程开展课程思政建设外，还应结合自身的特色，开发一门校本思政课，形成三足鼎立的课程思政建设体系。

第四，利用小班教学的优势，探索新的课程思政教学方式方法。民航高校研究生的培养模式多样，培养方向多元化，形成小班教学、小范围研讨的教学形式，对于课程思政的实施是一个促进。小班教学对于教学方法的改进与尝试起到了促进作用，可以探索更多的方式方法。除了常用的翻转课堂与线上线下相结合的形式外，还可以探索与尝试新的课程思政教学方法，进一步推进民航高校研究生课程思政的实施。

第五，细化培养环节，显隐结合开展课程思政建设。研究生教育与本科教育的不同之处在于，培养环节更为丰富，培养模式更为自由。因此，课程思政的实施就不仅仅只体现在课堂上，还应充分结合各个培养环节，除了课程体系中的课程思政外，还应在日常管理与导师指导中，实现导学思政、管理思政与课程思政环环紧扣的教育体系，形成课上课下、显性隐性结合的课程思政育人体系。

（2）利用机遇，克服劣势，加强研究生课程思政改革工作（WO 路径）。

第一，以开放的理念办特色研究生教育，加强与其他高校的沟通交流。民航高校的行业特殊性，为课程思政的实施提供了很多基础支持，也正是由于其行业特殊性，其与其他综合性高校的发展理念、发展模式大不相同，其他高校的许多优秀经验不太适用于民航高校的建设，无法借鉴。因此，民航高校研究生教育在保持特色的同时，应以开放的办学理念，加强与其他高校的沟通交流。

第二，加强研究生入学教育及专业理念培育，完善日常管理机制，增强校园归属感。相较于初入大学的本科生群体，研究生的专业理念、职业信仰呈现出更为丰富多元的特征，其思想成熟度与行为独立性显著提升，但普遍缺乏民航高校特有的职业素养。基于此，入学教育作为课程思政建设与专业素养提升的首要环节，对后续课程思政的实施具有基础性作用。系统的入学教育体系，不仅能够强化专业认知、浸润行业文化，更能有效增强学生的归属感，促使其认同学校文化、行业文化，进而提升自身道德素养，实现课程思政建设目标。

第三，在国家政策基础上，加强顶层设计，完善课程思政相关体制机制建设，健全与完善学校奖励机制。课程思政的全力推进，离不开健全的机制建设，加强顶层设计，在学校课程思政研究中心的领导下，制定研究生课程思政建设方案，下发研究生课程思政相关制度文件，着重完善课程思政奖励机制，制定课程思政监督机制，鼓励更多教师参与到研究生课程思政建设中去，形成全员育人的局面。

第四，在国家政策的支持下，成立课程思政研究团队，提升教师参与度。师资队伍是实现课程思政的基础条件，应在国家相关政策的支持与指导下，成立课程思政研究团队。团队构成既要有专业课教师，又要有思政课教师，以彻底解决专业知识与思政知识"两张皮"的现状，共同备课，共同研讨，同上一门课，共育一批人。

（3）发挥优势，迎接挑战，提升民航高校研究生影响力度（ST 路径）。

第一，继续扩大研究生培养规模，进行特色发展，增强民航高校影响力。目前，在双一流高校建设的驱动下，众多民航高校纷纷走上了改革之路，开展学科建设，效仿众多综合性大学的办学思路，以致民航高校慢慢失去了自身特色，学科建设也始终难以超越综合性高校。因此，民航高校应扎根中国大地，扎根本行业，形成以特色学科为主，其他学科相支撑的健康学科生态，增强院校的影响力，继续扩大研究生招生规模，进行多层次学历培养，从而使民航高校研究生重视度提升，国家政策资源的投放增加，进而实现课程思政建设的落地。

第二，立足研究生课程高阶性、研究性特征，推进课程思政建设多元化发展。在课堂教学中，课程思政实施路径应包含教学内容重构与教学方法创新两个维度。鉴于当前科技赋能教育的发展趋势，可通过翻转课堂、混合式教学等数字化手段创新教学模式，但需建立"科技赋能+传统优势"的双轨机制：一方面，开发民航特色案例库、行业前沿问题研讨等数字化教学资源；另一方面，保留案例教学、情景模拟等传统优势方法，形成教学方法创新矩阵。这种多元化设计既能适应智慧教育发展需求，又可规避技术依赖风险，确保课程思政实施的稳定性与持续性。

（4）改进劣势，直面挑战，完善民航高校研究生培养机制（WT 路径）。

第一，扩大招生规模，提高生源质量，完善入学教育。民航高校在面对自身的劣势与社会的重重挑战之下，只能从自身出发，扩大招生规模，探索改革路径，提高培养质量，坚持外延式与内涵式共同发展。

第二，加强顶层设计，完善课程体系及培养机制建设。建立健全研究生培养机制，是研究生课程思政实施的先决条件，应在领导小组的组织领导下，在制度建设的制约下，持续推进课程思政建设。

（5）民航院校研究生课程思政建设的基础保障。

第一，在课程思政研究中心的领导下，配套研究生组织机构建设。民航高校研究生课程思政建设应在民航高校课程思政研究中心的领导下，结合研究生的培养现状以及行业对研究生的需求，成立研究生课程思政领导小组，以指导研究生的课程思政建设。本科生的培养与研究生培养不属于同一层次，且在培养环节中差异较大，为了保障课程思政的顺利实施，合理的组织机构建设是关键。

第二，建立健全体制机制建设，不断进行探索改进。在课程思政研究中心的领导之下，逐渐建立健全体制机制建设，完善实施制度、监督机制、奖励制度等。鉴于民航高校的优势与劣势，外部的机遇与挑战一直处于不断更新变化中，因此，在实施的过程中，这些基础保障也需逐步进行调整与优化。

民航高校肩负着为本行业输送专业技术人才、推动行业发展进步的重任。因其行业的特殊性，从业者不仅需要扎实的专业知识，更需具备正确的价值观念与崇高的道德素养。这不仅是进入该行业最基础的条件，更是推动国家科技创新发展的重要动力。

当前，构建课程思政体系已成为提升民航高校研究生思想道德水平的关键途径。作为研究生培养全过程中不可或缺的思想教育体系，课程思政的有效实施不仅必要，而且具有重要意义。通过分析可知，民航高校应全面、客观地认识自身的优势与不足，把握外部机遇，审慎选择合适的实施路径，坚持特色化人才培养，以实现立德树人的根本目标，为社会主义事业培养出更多德智体美劳全面发展的优秀人才。

民航高校研究生培养的
导师队伍建设研究

导师是研究生培养的第一责任人,肩负着为国家培养高层次创新型人才的重要使命,对于民航高校的研究生教育质量提升有着举足轻重的作用。如何加强导师队伍建设?浙江大学在经历若干年的改革探索之后发现,只有导师主动地自我学习、自我发展和自我完善才是搞好导师队伍建设的关键,也是提高导师队伍质量的主要途径[18]。2006年,教育部开始试点实施以科学研究为主导、以导师负责制和资助制为核心的研究生培养机制改革,而后以《关于全面落实研究生导师立德树人职责的意见》(2018)为代表的系列政策文件相继出台,研究生导师队伍建设俨然成为关系国家高层次人才培养质量和水平的重要议题[19]。

6.1　导师队伍建设的相关政策演变

1977年,《关于高等学校招收研究生的意见》的颁布标志着我国开始恢复研究生教育,并于1978年开始招生。1980年的《中华人民共和国学位条例》和 1981 年的《中华人民共和国学位条例暂行实施办法》的颁布，标志着我国学位制度的正式确立，研究生教育开始走向制度化[20]。

6.1.1 导师队伍建设起步期

《中华人民共和国学位条例》《中华人民共和国学位条例暂行实施办法》确定了学位授予的原则、条件、程序和机构设置，明确了学位评定委员会成员和学位论文答辩委员会成员的职称资格及职责，给予了该成员在研究生教育工作中的权利。

1981 年《关于审定学位授予单位的原则和办法》对硕士生导师和博士生导师的学术造诣和指导能力以及资格条件做了全面、有区分的要求，并提出明确规定：硕士生导师需要学术水平较高，在教学或研究工作中有成绩，目前正在从事科学研究的教授、副教授（研究员、副研究员或相当职称的人员）担任指导教师。这一规定确保了硕士研究生能够在高水平的导师指导下进行学习和研究。博士生导师须由学术造诣较高、在教学或研究工作中成绩显著、目前正在从事较高水平的科学研究工作并获得一定成果的教授（研究员或相当职称的人员）担任指导教师，这一规定旨在确保博士研究生能够接受到来自顶级学者的高水平指导。

1982 年《关于招收攻读博士学位研究生的暂行规定》对导师资格与条件、招生计划与指导人数等做出了详细的规定，并要求每个指导教师每届最多招收两名博士生。

1984 年《关于在部分全国高等重点院校试办研究生院的几点意见》提及"严格遴选研究生的指导教师，加强导师队伍的建设"，体现了对导师遴选工作的重视，要求研究生院在设立后，必须严格把关，确保只有具备高水平学术能力和丰富指导经验的教师才能成为研究生的导师。

1985 年《中共中央关于教育体制改革的决定》提到"有条件的学校，教学任务较重的副教授以上的教师今后每 5 年中应有 1 年时间专门用来进修、从事科学研究和进行学术交流"，对于导师队伍的扩充打下了坚实的基础。

6.1.2 导师队伍建设发展期

1992 年，《研究生教育和学位工作"八五"计划和十年规划要点》提出"大力加强研究生指导教师队伍建设，要采取措施加快培养年轻一代学术带头人，要积极发挥中年研究生指导教师的骨干作用，重视增补年轻指导教师，继续发挥老一代指导教师的引路、把关作用，加强学术梯队建设，努力形成知识结构和年龄结构合理的教学、科研集体"，标志着国家对于导师队伍建设工作的重视，并开始着手提升导师队伍水平的措施。并提出"在部分学科和少数单位试行博士生指导教师审核办法的改革"，标志着我国开始下放博士生指导教师审核权，政策重心转向提升导师队伍的学术水平和指导能力上。

1995 年，国务院学位委员会下发《关于改革博士生指导教师审核办法的通知》，将博士生指导教师审核权由国务院学位委员会下放到博士学位授予单位或有关主管部门，规定了遴选原则与条件、实施方式以及监督与评估，是我国博士生教育制度的一项重要改革，旨在通过下放审批权、明确遴选原则与条件、加强监督与评估等措施，进一步提升博士生培养质量，明确了"博士生指导教师是一个重要的工作岗位而不是教授中的一个固定层次和荣誉称号"这一基本原理，确定了导师岗位制。

为了进一步扩大博士学位授予单位的办学自主权，提高博士生教育的质量和效率，国务院学位委员会决定进一步下放博士生指导教师审批权。1999 年，国务院学位委员会发布文件《关于进一步下放博士生指导教师审批权的通知》，规定"将博士生指导教师审核权下放给全部博士学位授予单位"。一方面，该文件进一步扩大了博士学位授予单位的办学自主权，使其能够根据自身学科建设和人才培养的需要，更加灵活、高效地选聘博士生指导教师；另一方面，它也促进了博士生教育质量的提升，通过严格的选聘程序和监督管理机制，确保了博士生指导教师的学术水平和指导能力。

6.1.3　导师队伍建设改革期

2006 年《关于进行研究生培养机制改革试点的通知》发布，旨在优化研究生教育结构，标志着培养机制改革的试点工作开启，破除将硕士研究生导师、博士研究生导师作为固定层次和学术称号的观念，实行导师岗位制，强化和完善导师责任制，给予指导教师在招收和管理研究生方面的自主权。同年《全国研究生录取工作的通知》提出，导师参与招生复试，并且在复试中发挥重要作用，加大导师招生权。

2006 年《关于进行研究生培养机制改革试点的通知》启动了"以完善科学研究为主导的导师负责制和资助制为核心的研究生培养机制改革试点"。

2009 年《关于进一步做好研究生培养机制改革试点工作的通知》，主要针对部属高校，明确指出指导教师要对研究生培养全过程负有指导责任，包括学术指导、科研训练、思想教育及职业规划等方面；在研究生的思想教育、科学道德等方面负有引导、示范和监督责任，进一步明确了导师的职责。

《国家中长期教育改革和发展规划纲要（2010—2020 年）》强调要加强师德建设，引导教师（包括导师）树立良好的职业道德和职业操守，为学生树立榜样，并提出大力推进研究生培养机制改革，建立以科学与工程技术研究为主导的导师责任制和导师项目资助制，推行产学研联合培养研究生的"双导师制"。

2013 年《关于深化研究生教育改革的意见》进一步明确"导师是研究生培养的第一责任人，负有对研究生进行学科前沿引导、科研方法指导和学术规范教导的责任"，健全了以导师为第一责任人的责权机制，全面实现导师责任制。

6.1.4 导师队伍建设提升期

2014年，《关于加强学位与研究生教育质量保证和监督体系建设的意见》指出，对于导师在指导过程中出现的学术不端行为，应依法依规进行严肃处理，维护学术诚信和研究生教育的良好形象，进一步表明政府开始加强对导师的激励与问责，并提到"制订导师考核评价办法、交流与培训办法以及激励与问责制"等，第一次提到"对培养质量出现问题的导师，视情况采取质量约谈、限招、停招等处理"等制裁。

2018年，中共中央、国务院发布《关于全面深化新时代教师队伍建设改革的意见》。该文件提出了全面深化新时代教师队伍建设的总体要求、目标任务、主要措施和保障机制，其中也涉及导师队伍的建设。文件强调要"培养造就一支师德高尚、业务精湛、结构合理、充满活力的高素质专业化创新型教师队伍"，这为导师队伍的建设提供了总体指导。

2018年，《关于全面落实研究生导师立德树人职责的意见》增加了"取消导师资格""对有违反师德行为的，实行一票否决，并依法依规给予相应处理"。由此可看出，导师队伍的管理更加严格化。

2019年，《关于进一步规范和加强研究生培养管理的通知》提出，导师既要做学术训导人，更要做人生引路人，从学术和思想两方面对导师提出要求。

2020年，《关于进一步严格规范学位与研究生教育质量管理的若干意见》增加了"情节较重的，依法依规给予党纪政纪处分"，进一步加强导师队伍建设、强化导师职责。

2020年，《关于加强博士生导师岗位管理的若干意见》提出，将"取消导师资格"改为"退出导师岗位"，对师德失范者和违法违纪者，要严肃处理并对有关责任人予以追责问责。

2020年，《研究生导师指导行为准则》提出"对情节严重、影响恶劣的，一经查实，要坚决清除出教师队伍；涉嫌违法犯罪的移送司法机关处理"等都围绕加强导师队伍建设、规范导师指导行为展开。

2020年，教育部、中央组织部、中央宣传部、财政部、人力资源社会保障部、住房和城乡建设部联合发布《关于加强新时代高校教师队伍建设改革的指导意见》，强调了高校教师思想政治素质和师德师风建设、高校人事制度改革、细化落实教师评价改革和提升教师教书育人等四方面内容。

6.2　民航高校导师队伍建设的现状以及提升措施

6.2.1　民航高校导师队伍建设现状

目前，导师队伍在年龄结构上呈现出较为合理的分布。学校注重引进和培养中青年教师，已形成老中青相结合的学术梯队。以某民航高校的数据为例：40岁以下导师占比25.53%，40～50岁导师占比47.34%，50岁以上导师占比26.99%。年龄结构呈现出一定的梯度分布，既有经验丰富的老教师，也有充满活力的青年教师，以及处于过渡阶段的中年教师。这种年龄结构不仅保证了导师队伍的稳定性和连续性，也为其注入了新的活力和创新思维。

民航高校导师队伍拥有较高的学术水平和专业素养。学校拥有一定数量的正高级职称教师和副高级职称教师，他们在各自领域内具有深厚的学术造诣和丰富的实践经验；同时，学校还注重培养和引进年轻有为的学者，达到政策所规定的要求，可破格晋升为导师，从而扩充导师队伍建设。以某民航高校的数据为例：正高级占比27.79%，副高级占比58.38%，讲师占比8.9%，高级职称占比较低。优化职称结构，有助于提升导师队伍的整体学术水平和科研能力，为学校的学科建设和人才培养提供有力保障。

民航高校导师队伍根据学校的学科布局和发展规划配置较为合理，各学科专业保证相当的生师比，确保各个学科领域都有足够的导师资源，这有助于促进学科的均衡发展和交叉融合。针对学校的特色学科或优势学科，如交通运输等，导师的数量相对较多，占比较大，从而为加强这些学科的建设和发展打下基础。

导师在进行研究生指导中普遍存在以下问题：

重视知识传授，忽略导学育人。《教育部关于全面落实研究生导师立德树人职责的意见》中明确指出，导师要有仁爱之心，坚持教书和育人相统一，潜心研究生培养，全过程育人、全方位育人，做研究生成长成才的指导者和引路人[21]。但是目前导师的指导大多还是以知识传授为主，注重专业技术能力的提升，重视学术水平以及科研成果的产出，往往忽略研究生的身心发展需求，缺乏对其的思想政治教育，人文关怀不够，忽略导学过程中的育人环节。

导师指导频率偏低，指导能力不足。由于导师工作繁忙或者其他原因，与研究生之间的沟通交流较少，不仅对其生活不了解，并且指导学业的频率也较低，以至于研究生在学术研究中遇到问题和困惑时未能及时得到解答和指导，直接影响了研究生的培养质量。且指导方式单一，不注重学生的个性化指导，有些导师可能习惯采用传统的指导方式，如直接指定研究课题、提供大量文献等，而缺乏对学生独立思考能力和创新能力的培养。每个研究生都有其独特的学术背景、兴趣爱好和学习风格，但是，在实际指导过程中，部分导师可能未能充分考虑到学生的个性化需求，导致指导内容和方法缺乏针对性。

导学关系较为紧张。近些年来，网上频频曝出导学关系出现问题的案例，这是由于导师未能准确把控自己在导学关系中的身份与位置，不能全面均衡地培养每位学生；在资源有限的情况下，导师对研究生之间的资源分配可能存在不均衡的问题，包括科研项目、实验设备、学术交流机会等方面的资源分配，以致影响研究生与导师之间的关系。在导学关系中，导师占有主导地位，有的导师以"老板"的身份自居，甚至出现其他严重违反师德师风的问题[22]。

评价体系不够完善。完善的导师评价体系是实现研究生人才培养质量的重要手段，是研究生培养过程的尺度、要求和标准[23]。目前，研究生导师的评价系统尚不完善，包含导师立德树人的考核，以及导师年度考核，一般由上级部门、学校的相关职能部门进行评价，且评价指标缺乏多元化和系统性，一般是结果性的指标显示，未能充分体现出导师的过程性指导的评价，未能达到评价的真正目的，以致评价浮于形式。

6.2.2　导师队伍水平提升的措施

完善导师管理相关制度。尽管导师管理制度经过多年的发展，已经在逐步完善，但是仍需细化各个细节的相关规定，包含了导师遴选制度、导师管理制度等。导师遴选制度即对导师资格的确认，依据民航高校导师队伍的现状以及发展规划，进行合理遴选，包含对导师的学历、职称、科研情况、德育情况的筛选，严格选拔程序。根据教师队伍建设水平以及成果产出情况，可设定破格条件，遴选部分优秀导师，以确保导师队伍健康持续发展。应建立起兼职导师队伍，在初步获得导师资格之后，新晋导师需帮助资深导师指导至少一届学生，通过一个周期的培养，对研究生的培养环节、相关制度规定等进行深入了解，在资深导师的带领下，待指导能力显著提高，具备一定的指导经验之后再正式独立带学生，可进一步确保导师指导质量。导师管理制度方面应加强导师退出机制建设，探索实施导师动态管理方法。

优化导师指导模式。一方面，在传统的指导模式基础上，进行多元化个性化指导，可以结合"单一导师制"和"导师小组制"的模式。单一导师制可以明确导师的责任与权力，建立导师小组制，由学科带头人与导师团队共同组成导师组，从理论知识、实践技能以及学习认知等多方面对研究生进行全方位指导，进而避免单一导师在知识结构、时间安排等方面的不足。通过不同学习背景的导师共同指导研究生，博采众长。另一方面，也可以吸纳一定数量的企业导师，为研究生提供实践经验，培养学生的实践能力，拉近学校与企业之间的距离，促进理论联系实际，提升研究生的培养质量。

建立导师学习制度。随着社会的快速发展，知识的更新速度越来越快，导师的知识结构必须紧跟社会发展的步伐，确保始终处于最新阶段，民航高校更是如此。民航业依赖于民航高校的人才培养，在着力提升研究生培养质量的目标下，民航高校应着眼于导师的发展需求，进行一系列的学习提升，定期开展导师培训。新晋导师的上岗培训以及全体导师的年度培训，可以通过线上学习的形式，也可以通过线下交流的形式进行，学习内容不局限于导师的业务能力提升，专业知识以及指导能力的学习也是必要的。另外，民航高校可以鼓励导师与民航相关单位建立紧密联系，增加导师的企业交流经验，在研究生培养中实现理论与实践的紧密结合；民航高校要多组织导师参加国内外大型学术会议和专题学术会议，通过学术交流提升导师科研水平，鼓励导师参加相关的研讨会，包括提升沟通交流技巧的、与外界合作能力的等相关服务，建立完善激励政策，激发导师的主动性与创新性。

完善导师考核制度。加强学生对导师的评价机制建设，通过设立完善的评价指标体系，在原有的导师考核制度基础上增加学生评价环节，研究探索建立导师工作积分制。根据导师的教学、科研、学科管理、指导学生发表论文、学生管理及就业等情况，进行积分量化核算，规定各等级量化标准。对未达到合格标准的导师按相应管理制度进行处理，对超过优秀标准的导师采取一定方式进行奖励，鼓励多劳多得[23]。加强导师立德树人考核，强化学术道德监督管理，建立健全师德师风考核机制，从评价管理体系上杜绝师生的学术不端行为，实现有效的学术监督，多层次、多渠道进行管理与反馈。

6.3 导学关系构建的研究

师生关系是指在教育活动中，以培养学生为核心而发生的教师和学生之间的相互影响，它包括教师与学生之间的知识关系、社会关系以及伦理关系，不仅指教师与学生之间个体的关系，也包括群体之间的关系等[24]。导学关系被认为是研究生教育研究与管理实践领域的核心话语[25]。良好的导学关系是研究生学术成就获得和福祉保持的重要因素[26]。与其他教育阶段的师生关系相比，在研究生阶段，导师与学生的关系更为密切，教与学的关系不像大学本科时那么直接，而主要表现为研究生在导师的指导下进行学习和研究[26]。

6.3.1 导学关系的分类

导学关系可从不同角度进行划分，具有复杂性和多样性。比较有代表性的是学者宋晓平借鉴乌贝贝尔斯（Wubbels）开发的 Leary 模型[27]和曼哈德（Mainhard）关于导师人际行为模型，按照"亲近程度"和"影响程度"，将其极值作为分类标准，把导学关系分解为 8 种导学关系类型：领导型、友善帮助型、理解型、自由型、含糊型、不满型、训诫型、严格型[28]。

领导型导学关系具有以下特点：导师在导学关系中占据主导地位，具有高度的权威性和决策权，属于功利型的关系。导师为研究生设定明确的研究方向和目标，并对其进行严格的指导和监督，研究生在导师的指导下，进入研究状态，提高科研效率。但往往易忽略研究生的日常管理，对研究生的关怀力度不够，师生关系较为疏离。

友善帮助型导学关系的特点：导师在导学关系中亦师亦友，以学术伙伴的形式相处，作为成长之路的引导者，以友善和关怀的态度对待研究生，注重与研究生之间的情感交流。导师不仅关注研究生的学术进展，还关心其生活和个人发展。在研究生遇到困难时，导师会及时提供帮助和支持，促进其全面发展，导学关系相处较为融洽，但是需把握好权责分寸。

理解型导学关系的特点：导师能深入理解研究生在科研学习以及生活中的需求与疑惑，并及时给出指导性的建议，可以站在学生的角度给予一定的建议，导师与研究生之间建立了良好的沟通机制，能够相互理解和信任。这种关系有助于研究生在学术上取得更好的成绩，并增强其自信心和归属感。

自由型导学关系的特点：导师给予学生较大的自由选择权和自主权，鼓励其独立探索和思考，研究生在导师的指导下，可以根据自己的兴趣和特长选择研究方向和课题。这种关系有助于培养研究生的创新能力和独立研究能力，但是自由度要把控得当，若是过于自由，易给学生造成"导师不管"的错觉，进而影响导学关系。

含糊型导学关系的特点：导师与研究生之间缺乏沟通交流，导师对研究生的指导不够明确和具体，存在模糊和含糊的情况，导师与研究生相互猜测，以至于研究生可能无法准确理解导师的意图和要求，导致研究方向不明确或科研进展缓慢，进而影响导学关系。

不满型导学关系的特点：导师与研究生对于双方均认识不清，不认可对方，对对方的表现或态度感到不满和失望。这种不满可能源于学术观点的分歧、工作态度的差异或沟通不畅等。这种导学关系会进一步导致恶劣的结果。

训诫型导学关系的特点：导师与研究生的地位永远不对等，导师始终不能站在研究生的位置上思考问题，往往以训诫和批评的方式对研究生进行指导和教育，但研究生作为成年人，其自尊心会受到打击。这种方式可能源于导师对研究生的高期望或严格要求，但也可能导致研究生产生抵触情绪，易对研究生造成不必要的伤害。

严格型导学关系的特点：导师对研究生的要求非常严格，格外注重细节和规范。研究生在导师的严格指导下，虽然可以养成良好的学术习惯和严谨的科研态度，但是感觉丧失自由权，不利于自信心的建立。过于严格的要求可能会给研究生带来较大的压力和挑战。

6.3.2　导学关系的影响因素

导师自身因素。导师的育人能力包含导师的专业素养、德育水平以及沟通交流能力。导师的指导风格、特色以及个人的人格魅力对导学关系的构建至关重要。导师要指导研究生，自身必须具备扎实的专业知识，以及高水平的科研能力和宽广的学术视野，在该研究领域内具有一定的影响力，在学生中树立权威的印象。另外，导师的师德师风、道德素养也是影响导学关系的重要因素。导师是研究生成长的领路人，对于研究生的个人发展影响深远，导师的言传身教对研究生有着潜移默化的影响，能够塑造研究生的学术道德和思想品德。导师的道德品质是个人魅力的表现，也是导学关系的重要影响因素。导学关系的和谐构建离不开良好的沟通交流，在导学关系中，导师占据主导地位，具备较强的沟通交流能力，是一段和谐导学关系的基础。另外，导师需具备较强的责任感，更好地履行指导职责，还应确保有足够的时间和精力投入到研究生的指导中，关注研究生的成长和发展。

研究生自身因素。研究生的学习态度与学习动机是影响导学关系的关键因素，无论知识基础是否薄弱，研究生必须具备良好的学习态度。学生的学习态度直接影响其学习效果以及与导师之间的互动，导师普遍偏爱学习态度端正的学生。因此，积极、主动的学习态度能够促进导学关系的良性发展。学习动机也是影响导学关系的重要因素。明确的学习目标和强烈的求知欲能够激发学生的学习动力，获得导师的认可与支持，促进与导师之间的深入交流。学生的知识水平和个人素养对导学关系有一定影响，知识水平较强的学生能够更好地理解导师的指导意图，确保与导师的交流顺畅，积极参与科研活动，与导师形成良好的互动关系。

导学互动情况。沟通交流能力是一门学问，也是能力的一种体现，有效沟通会事半功倍，无效沟通会降低指导效率，甚至导致关系的疏远。导师和研究生的目标期望不同，在入学之初，导师对研究生的期望和研究生自身的期望以及研究生对导师的期望有可能会不一致，这就需要更深入地沟通交流，相互磨合。学生应明确自己的期望和需求，并与导师进行有效沟通，以建立和谐的导学关系。导师的指导风格与研究生的接受程度不在一个频率，不同的导师，指导风格不同，而不同的学生接受能力也不同，这些问题的产生都是缺乏沟通。总体来说，导师与研究生作为相互独立的个体，且未曾共事，双方不了解的情况下展开一段最少三年的亦师亦友关系，需要大量的磨合，良好的互动交流是导学关系的一个重要影响因素。

其他条件影响。如学校政策与制度，包含培养模式、课程设置、教学模式等相关政策。合理的政策、完善的制度和有效的管理机制能够为导学关系的发展提供有力保障。学术氛围与资源，包含学术氛围、科研平台等。良好的学术氛围和丰富的学术资源能够激发研究生的学习兴趣和科研热情，促进与导师的深入交流和合作。社会环境与文化，包含高校的文化背景、师生文化等。社会环境和文化背景也会对导学关系产生一定影响，不同的社会环境和文化背景可能导致师生在价值观、沟通方式等方面存在差异，从而影响导学关系的和谐与稳定。

6.3.3 和谐的导学关系的构建途径

提高导学关系处理能力。提高导师与学生的关系处理能力有利于促进双方做出积极行为，并获得良好的交往体验，进而通过沟通对话汇聚双方交往的共识，包括对发展需求、发展愿景、关系界限、交往尺度等内容的明确[29]。建立兼职导师队伍。新聘任的导师需要协助资深教师指导一届研究生，在指导研究生的过程中，也是提升自身指导能力的机会，可以避免较为典型的导学问题的出现。导师在指导学生过程中，若遇到要解决导学关系的问题，可以向资深导师请教，借鉴他人的指导经验，提升自我的认知，正确地认识导学关系，也可以通过培训学习的形式，提升自我的沟通能力，加强导学关系的处理能力。对于研究生而言，需积极参加导学交流会以及讲座等，学习导学关系构建的技巧，正确认识自己，学会换位思考，站在不同角度看待问题，提升自身处理导学关系的能力。因此，导师与研究生在一段指导关系中可以达成共识，这是和谐导学关系的基础。

加强互动交流。导学关系中，导师占据主导地位，因此，为增加交流的频率，导师需创造机会，可以通过开组会的形式、一对一汇报的形式，以及迎新送老、节日小聚的形式，增加与研究生沟通交流的机会。在进行交流的过程中，不仅局限于学术层面的知识传授，更多的是谈心交流。深入交流可增加双方的认可度，营造小组氛围，提升研究生的归属感与责任感。另外，也可以通过环境改善导学关系，如研修室的氛围布置等，促进更有效地沟通交流。研究生的管理部门，也需要通过举办活动的形式，创造导师与学生互动交流的机会，如导师与研究生共同完成竞赛、会议等，以此进一步增加导师与研究生交流的机会。

明确权责边界。即明确导师与学生各自的职责。明晰自己的权利与义务是和谐导学关系的基础。高校应制定明确的导师和研究生权责清单，明确双方在导学关系中的具体职责和权利。权责清单应涵盖学术指导、科研训练、评价考核、管理监督等方面的内容，确保双方能够清晰了解自己的职责和权利，有助于导师和研究生双方了解自身享有的权利及应尽的义务。制定导学关系行为准则，规范导师与研究生交往过程中的行为，明确交往边界，在遵守制度的规定下，构建和谐的导学关系。

强化监督治理。建立健全导学关系监督反馈机制。探索建立导学关系监督、师生申辩、导师更换等诉求的制度路径，建立公开透明的导学监督、疏解机制迫在眉睫[30]。在导学关系向着不好的方向发展之时，由于导师和学生均没有较为顺畅的申诉渠道，且缺乏多元化的调解机制，分管领导与上级部门均不知情，未能在有效的时间段内解决问题，导学关系会进一步恶化，甚至出现无法调解的局面。当前逐步实施的研究生的分流、退出机制，从某种程度上也是导学关系危机的一种疏解渠道，但对于师生间更为细化的矛盾冲突的干预调解，目前仍然缺乏行之有效的制度安排[30]。

7

民航高校研究生科研创新能力的培养研究

科学研究需运用创造性思维和方法不断探索，以发现新事物、获得新理念。个体具备探究研究问题、应用新技术与方法解决问题、提出新观点、做出创造性成果的能力，被称为科研创新能力[31]。2022年研究生在校生规模达365.36万人，可见我国已步入研究生教育大国。但是，我国的研究生教育也面临着严重的质量危机，"钱学森之问"振聋发聩，为什么我国的研究生教育总是培养不出杰出的创新型人才？有专家指出，我国在研究生教育质量方面存在的首要问题是创新能力尤其是原创能力较差。因此，提升研究生的科研创新能力，是我国提升研究生培养质量的首要目标[32]。

随着航空技术的飞速发展和民航业的不断变革，培养具备创新思维和实践能力的高层次人才成为提升民航领域核心竞争力的关键。科研创新能力不仅促使研究生深入探索民航领域的未知领域，解决行业面临的复杂问题，还能推动新技术、新方法的研发与应用，为民航安全、效率和服务质量的提升提供强大支撑。通过科研实践，研究生能够锻炼批判性思维、团队协作能力和解决问题的能力，这些能力对于未来在民航业中担任重要职务、推动技术创新和产业升级至关重要。因此，加强科研创新能力培养，是民航高校研究生教育适应行业发展需求、培养具有国际视野和创新精神的高级专门人才的核心任务。

7.1　科研创新能力培养中存在的问题

7.1.1　研究生培养模式与科研创新能力培养不匹配

民航高校研究生招生规模逐年扩大，研究生教育正处于急速发展阶段，研究生培养模式虽在不断进行改革创新，也始终强调科研创新能力的培养，但是，在实际落地实施阶段依然存在问题。

如今，研究生的培养模式依然停留在较为传统的教育模式上，强调任课教师知识的灌输，课程考核依然大部分以试卷的形式完成，强调导师科研的指引，但依然是传统的师傅带徒弟的形式，这在很大程度上限制了研究生自我探索的能力培养。整个培养过程总是有指导教师在前面铺路，研究生只需要按照既定的路线往下走即可，以致丧失了独立思考的能力，没有发现问题的眼睛，更没有独立解决问题的能力。这样的培养模式很难实现创新能力的培养。

另外，传统的培养模式强调知识学习，往往忽略其他专业素养的培养，加之民航高校更加注重专业实践能力，即实践能力的培养，因此在科研创新的培养上有所欠缺。具体体现为科研氛围不够浓厚，科研项目自主研究较少，学术交流机会较少，在没有科研氛围的高校内部，研究生将会丧失科研兴趣，失去科研思维。研究生培养中注重研究生的科研项目参与，但是大部分是导师的科研项目，而自主申请的科研项目较少，预示着自主研究较少。研究生参加科研活动和学术交流较少，不具备科研实践的能力，动手操作的机会较少，思维上欠缺科研意识与创新思维，因此，不具备发现问题的能力，更缺失独立思考的能力。在这样的培养模式下，研究生科研创新能力的培养较为困难。

7.1.2 课程教学模式与科研创新能力培养不匹配

研究生的课程教学环节对于研究生的各种能力的培养有着至关重要的作用，是整个培养过程的基础。研究生的课程教学环节主要包括课程内容与教学模式。

研究生的课程内容虽说依然注重知识点的讲授以及专业理论知识的理解，但是出发点与本科教学等不同，应站在解决问题的角度，目标是各种专业能力的培养，因此，研究生的课程内容不能仅局限于干巴巴的知识点，而是要通过实际的案例或者企业的问题来导入，在解决问题的过程中深入理解理论知识，进而培养研究生的思考意识。因此，课程内容需要更强调多元性、实践性、引导性。

研究生的课程教学模式通常是自由化、多元化的，但是在实际的课程教学中，依然以传授式为主，完全依赖于知识点的灌输。研究生在教师的讲授下被动接受应该学习的知识，通过记忆将知识点消化吸收，这也是传统的应试教育所带来的无意识行为。这种灌输式的教学往往与考核形式紧密相连，研究生的课程考核也多依赖于考试。研究生在这种教学模式的引导下，会逐渐丧失好奇心、求知欲和探索精神，认为一切知识都是完全正确的，缺乏质疑精神，映射在研究生的科研实践部分，将表现为所有的科研实践均是被动地等着导师的指导以及同门的帮忙，没有思考、没有探索，更不会发现问题。没有发现问题，如何去创新？敏锐的观察力、持久的探索力、丰富的想象力与强烈的验证心是一个有机体，也是创新能力的基本构成[33]。因此，科研创新能力的培养将困难重重。

7.1.3 研究生自身科研创新意识不够

一些研究生由于自小受到教育模式与教育环境的影响，习惯于应试教育、灌输式的学习方式，以至于科研创新意识匮乏。从小的教育束缚了天性的发挥，缺乏主动追求创新的意识，缺乏不怕困难敢于探索的品质，这些将导致他们在面对科研难题时容易退缩，不愿意尝试新的思路和方法。创新性思维不够，缺乏批判意识，缺乏质疑意识，在发散性思维方面较弱，不能对相关信息进行质疑、批判、想象、归纳形成新的思维，研究能力不足。目前，大部分的研究生均具有较强的记忆力，但缺乏敏锐的感知和想象力，加之，学术经历与学术视野较窄，这些都将限制研究生科研创新意识的培养。

民航高校作为行业特色鲜明的学校，立足于为民航业提供高水平专业化人才。因此，在人才培养方面，多以专科教育与本科教育为主，注重专业实践能力的培养，更加注重实际操作水平的提升。截至目前，依然是本专科教育与研究生教育共同发展。但是研究生教育的历程较短，规模较小，因此，科研水平是民航高校的短板。与其他综合性高校相比，民航高校的科研氛围并不浓厚，科研平台不够广阔，师资队伍的科研能力有所欠缺，这些都是导致民航高校研究生科研创新意识缺乏的重要因素。加之，由于民航高校本科的就业情况良好，以至于研究生的大部分生源均来源于非民航高校，且调剂率较高。该部分学生一方面，会由于本科未接触过民航领域的科研项目的研究与探索，以至于自身缺乏科研创新意识；另一方面，由于归属性较差，未能完全激发科学研究的兴趣，以至于科研创新意识不够。

7.2　科研创新能力培养的影响因素分析

科研创新能力培养是一个复杂而多维的过程，它不仅要求个体具备扎实的专业基础知识与持续学习的能力，还涉及思维方式的转变、跨学科视野的拓展、团队协作与沟通技巧的提升，以及对科研前沿动态的敏锐洞察力。这一过程深受个人兴趣驱动、导师指导的引领以及教育环境熏陶等多重因素的影响，任何一方面的缺失都可能限制科研创新能力的充分发展。因此，科研创新能力的培养是一个综合性的系统工程，涉及学生个人、导师、学校等多个层面的因素。

7.2.1 学生个人因素

学生在科研创新能力的培养中虽属于被动方，但是，个人的学习态度都将直接影响科研创新能力的培养成效。研究发现，个人自主性学习和进取心对研究生的创新能力产生显著的正向影响[34]。

个人自主性学习可以培养学生独立思考的能力。自主性学习在研究生阶段体现为独立审题、设计实验、分析数据和撰写论文等。在这一过程中，学生需要不断思考、质疑和验证，从而培养其独立思考的能力。这种思维方式是创新能力的核心，又可激发创新动机。独立自主学习让研究生更愿意去探索自己感兴趣的领域和问题，从而激发他们的创新力，进而产生创新性的成果。促进团队合作和与沟通交流能力，自主学习往往需要与导师或者同门进行讨论和合作，共同解决问题和完成学习项目。这一过程中，可锻炼研究生的团队合作和沟通能力。这些能力对于创新同样至关重要，因为创新往往需要跨学科、跨领域的合作与交流。

拥有进取心可以不断推动研究生持续学习与探索，因为进取心强的研究生对科学研究始终充满热情，具备探索精神，希望在学术领域可以取得较大的成果，因此会不断努力学习新知识、新技术，以提升自己的科研能力。拥有进取心则乐于尝试与挑战。进取心强的研究生勇于尝试新的研究方法，敢于挑战现有的理论，总是希望可以寻求更好的解决方案和更高效的研究路径。这种勇于尝试和挑战的精神进一步推动他们在科研过程中发现问题，进行创新。拥有进取心的研究生将不怕困难并积极应对挑战。在科研过程中，难免会遇到各种各样的困难，进取心强的研究生能够积极应对并努力克服困难，并取得成功。这种积极的心态将有助于他们在科研道路上不断前行并取得创新性的成果。

7.2.2 导师因素

导师作为研究生培养的第一责任人，在科研创新能力的培养中起着至关重要的作用。研究结果表明，在导师个体人口学变量上，包括导师性别、年龄、学历背景、职务等；在导师指导因素上，主要包括师生关系、指导力度、指导风格、学术互动氛围、指导水平、指导频次等。导师指导和师生关系对研究生的创新能力起着重要的作用[34]。

导师不仅要对研究生进行专业知识方面的指导，还是研究生专业方向的掌舵人。导师作为本研究领域的专家，能够为学生提供专业的指导和建议，帮助学生明确研究方向。这种引领有助于研究生避免在研究过程走弯路，集中精力在有意义的事情上。导师也是研究方法的传授者与技能提升的引导者，导师在指导学生时会传授科学研究的方法，包括文献查阅、实验设计、数据分析、论文写作等。这些方法是研究生进行独立科研的基础，是研究生科研创新能力培养的保障。导师通常具有丰富的研究经验，可以帮助研究生在研究中发现关键问题，并提出解决问题的策略和建议。这种指导有助于培养研究生在面对科研难题时冷静清晰地思考的意识，进而找到有效的解决方案。鼓励探索与容忍失败，优秀的导师会鼓励学生大胆探索未知领域，尝试新的研究方法和思路。并且，他们接受学生在研究过程中的失败和挫折，并给予很大程度的支持和鼓励。这种指导氛围有助于激发学生的创新潜能，培养他们勇于尝试、敢于创新的精神。

和谐的导学关系是研究生的情感支持与心理激励，良好的导学关系建立在相互尊重、信任和理解的基础上。导师对学生的人文关怀能够让学生感受到温暖，从而增强他们的自信心和归属感。这种心理激励有助于学生始终保持积极向上的心态，勇于面对挑战和困难。顺畅的沟通交流，良好的师生关系意味着师生之间能够进行高效的沟通交流，学生可以随时向导师请教问题、汇报进展和分享想法，而导师也能及时给予学生反馈和指导。这种高效的沟通机制有助于学生在研究中及时发现问题、解决问题并产生新的创新点。导师的言行举止、治学态度和人生价值观都会对学生产生深远的影响。优秀的导师通过自身的榜样示范，潜移默化地影响学生，为他们的创新能力提供了坚实的支撑。

7.2.3 学校因素

在进行研究生科研创新能力培养的过程中，学校作为基础保障，对科研创新能力培养影响深远，具体体现在政策导向、课程教学、科研活动、科研氛围等方面。

政策导向在研究生创新能力培养中起着引领和推动作用，是一切行为的风向标。教育部等相关部门制定的政策制度，如研究生教育教学、科研创新激励等，为研究生创新能力的培养指明了方向。这些政策可以强化科研创新能力的重要性，并通过划拨专项经费、设立创新基金、组织创新竞赛等多种方式，鼓励开展创新研究。相关政策的引导与激励，大大提高了研究生的主动性和创新性，有助于科研创新能力的培养。

课程教学是研究生获取专业知识和培养创新能力的重要途径。课程体系设置是否合理、教学方法是否科学，直接影响研究生创新能力的培养效果。首先，研究生课程体系的系统性和前沿性，是确保学生能够掌握扎实的专业基础知识和了解学科前沿动态的基础。另外，教学方法应注重启发式和研讨式，通过案例分析、小组讨论等方式，激发学生的创新思维；课程教学还应注重实践环节，鼓励学生积极参加科研活动，将理论知识与实践相结合，提高创新实践能力。

科研活动是研究生创新能力培养的核心环节。意识培养阶段，科研活动一般包含参与科研项目、实验研究、数据分析、论文撰写等。通过参与这些活动，研究生可以深入了解目前研究领域的前沿问题，掌握科学研究的方法和技能，培养独立思考和解决问题的能力。在科研活动中，研究生会遇到各种困难，通过导师的指导和团队合作，研究生可以学会如何发现问题、分析问题和解决问题，从而不断提升自己的创新能力。

科研氛围对研究生的创新能力培养具有潜移默化的影响。良好的科研氛围能够激发研究生的创新能力和科研热情，鼓励研究生积极参加学术交流，开阔自己的学术视野，筑牢研究生的科研自信心。营造浓厚的科研氛围有多种方法，如学术道德建设讲座、举办高水平的学术讲座和研讨会、搭建学术交流平台等。这些措施有助于拓宽研究生的学术视野，了解研究领域内的最新动态，激发研究生的创新灵感和探究欲望。良好的科研氛围还能够促进研究生与导师、研究生之间的合作与交流，形成互帮互助的学术氛围，进而提高他们的科研创新能力。

7.3　科研创新能力培养的实施路径

7.3.1　课程教学

课程教学环节是研究生培养的基础，若以课程教学为切入点进行科研创新能力的培养，则需要结合课程内容与授课方式两个方面。

通过"将最新科研成果融入课程教学"和"将最新科研成果编入教材"，突出科研赋能教学[35]。近年来，科教融合被提升到国家战略的高度。课程教学内容注重最新成果的沿用，因此，在课程内容中，教师需把控好课堂，在不突破课程教学大纲的前提下，动态分析课程特点，将最新学术研究成果引入课程教学中，使研究生通过课堂就可了解学科发展动态、热点研究问题、前沿发展现状，从而丰富研究生的知识结构[35]。通过对课程内容的完善，研究生不仅能学习到应该掌握的基础知识，更能深入了解本研究领域的研究前沿，并扩宽学术视野。在课程教材建设过程中，以提高专业知识能力为基础，将最新研究成果与学科前沿动态有机融入教材设计中，合理规划设计专业基础知识与最新研究成果的比例，使研究生既可以掌握本学科必备的基础知识，又可以了解学科前沿内容，为研究生创新能力的培养打下坚实基础。

改革课程的教学模式，摒弃灌输式教学，提倡研讨式教学。研究生的培养不同于本科生强调基础知识的掌握，更注重能力的培养。课堂是育人的主阵地，利用好课堂，激发教师的教学创新力，利用信息技术手段、互联网+课堂的形式，将课程内容讲活，需要提升教师的教学水平。教学水平的提升依赖于教师的教学创新，而教学创新又依赖于教师的兴趣，而教师的兴趣大多来自教师的学术研究。因此，科研与教学之间需要建立紧密联系，科研助力于教学，教学反哺科研。教师的科研兴趣在教学过程中体现为与学生共同研讨，互相质疑，共同解决，达成共识。而这一过程中，思维碰撞出新的思路，这就是创新能力的激发。

7.3.2 导师指导

导师指导是研究生科研创新能力培养的重要一步。研究生培养中，除了课程教学，其余时间均在导师的指导下进行科研学习，因此，导师对其影响重大。提升科研创新能力的前提是激发研究生对科研创新的兴趣，发挥导师的引领作用。

鼓励研究生参与项目研究工作。在研究生进入导师的团队之后，导师需要为他们制订科研素养培养计划，安排加入师兄、师姐的研究当中，协助做一些科研工作，掌握科研相关的能力，提升动手操作水平，强化科学研究思维。随后，在导师的项目中独自开展部分研究，在导师的指导与师姐师兄的帮助下开展一系列研究，在研究过程中发现问题，解决问题，做大量实验，进行数据整合，不断质疑自己，不断验证成果。在一系列的操作中，能逐渐提升自己的科研创新意识，培养严格缜密的科研态度。

鼓励研究生自主做项目研究。深度参与导师的项目研究，可锻炼研究生的独立思考能力，但仍然是受限于导师的思维模式的研究。因此，导师还需要鼓励研究生自主进行项目研究，包括申报新的研究项目，进而开展研究，将参与式创新改为自主式创新。自主式科研创新可进一步激发研究生开展科研创新活动的积极性，促进研究生进行自我探索，并利用自身所学，感受知识运用带来的乐趣。另外，也能够使其在自主探索和研究过程中，不断主动学习和完善知识体系，在解决问题的过程中体验并获得成就感，进而激发开展科研创新活动的热情及其自我探索和研究的热情[32]。

鼓励研究生参加学术交流活动。学术交流即与相关学者进行学术方面的沟通，通过学术交流，与其他学者进行思想碰撞，激发出新的想法，创造出新的成果。导师需要为研究生提供相关机会，带领研究生参加学术研讨会，以及科研项目的调研等相关活动，增加研究生与外界同行接触的机会，拓宽研究生的学术视野，增加研究生的科研自信。另外，也需要在校内为研究生创造交流学习的机会。例如，召开组会，要求同一课题组成员定期进行学术汇报，共同交流探讨，相互借鉴共同探讨，进一步提升研究生的求知欲和探索欲，为培养研究生的科研创新能力打下坚实基础。

7.3.3　学术氛围

积极、开放、包容的学术氛围能够激发学生的创新思维，促进学术交流和合作，从而有效提升科研创新能力。因此，学术氛围的营造对于研究生科研创新能力的培养至关重要。

首先应树立创新理念，加强创新意识，大力弘扬科学家精神，鼓励研究生追求真理、勇于创新，培养研究生严谨治学的态度。举办科学家讲座、学术研讨会等活动，让研究生近距离接触并学习科学家精神及其创新思维，及时向师生传达创新的重要性和必要性，引导师生树立创新思维和创新理念，在校园内广泛宣传创新文化，鼓励师生勇于探索未知领域，敢于挑战传统观念，形成积极向上的创新氛围。

定期举办学术会议、学术论坛、学术沙龙等活动，为师生提供交流思想、分享研究成果的平台，激发研究生科研创新的热情。在学术交流中，不同的观点、不同的思想，碰撞出新的思想火花，即可成为创新的火种。

建立科研资源共享平台，方便研究生获取最新的科研信息和数据资源。此外，还应加强图书馆、电子资源等学术基础设施的建设和管理，为研究生提供良好的学习和研究环境。

尊重研究生的个性差异和兴趣爱好，鼓励研究生根据自己的兴趣爱好和研究特长选择自己的研究方向及课题。鼓励研究生之间的合作与交流，建立科研团队或兴趣小组。通过团队合作和集体攻关的方式，研究生的协作能力和解决问题的能力能得到提升。同时，加强与企业和科研院所的合作与交流，为研究生提供更多的实践机会和科研资源。

鼓励并组织研究生积极参加各种学术竞赛，在导师与研究生共同协作一起完成的过程中，激发研究生的创新意识，增强学术自信，打破学科壁垒，鼓励不同学科背景的学生和教师进行跨学科交流与合作，促进知识的交叉融合和创新思维的碰撞。

7.3.4 政策制度

加强顶层设计，强化科研创新能力的重要性。学校管理层要自上而下深化改革，深入洞察行业发展趋势，全面规划并优化科研创新体系。首先，需要明确研究生科研创新的目标定位，强化跨学科合作机制，促进学术资源优化配置；其次，完善科研项目管理与激励机制，激发研究生的创新活力；最后，加强与国际航空领域的交流合作，拓宽研究生的国际视野和创新能力。这些顶层设计措施，能够为民航高校研究生营造一个有利于科研创新的良好生态环境，在制度政策的引领下，促进研究生科研创新能力的培养。

加强科研创新管理和监督，建立健全科研项目管理制度，规范项目申报、评审、立项、实施和验收等各个环节，加强科研诚信教育和宣传，建立健全科研诚信档案和失信惩戒机制，营造风清气正的科研环境，建立科研监督评估体系，对科研项目的实施情况进行定期评估和检查，确保科研质量和效益。

通过专项资金的设立，政府、高校等部门需加大对研究生科研项目的资金支持力度，资助学生进行创新项目的研究，为师生提供充足的科研经费和资源保障，确保科研工作的顺利进行。

设立各类科研奖励和荣誉称号，对在科研创新方面取得突出成绩的研究生、教师给予一定的表彰和奖励。优秀人才的引进政策措施，能够为科研创新提供强有力的人才支撑。鼓励高校、科研机构和企业之间的产学研合作，在政府的引领下，促进产学研的融合，推进科技成果的转化和应用，激发研究生的科研积极性和创新精神。将科研创新实践纳入研究生的评优评先考核中，督促研究生科研创新落地实施。

民航高校研究生专业实践能力培养研究

民航高校研究生专业实践能力的培养至关重要，它不仅关乎学生个人职业生涯的顺利发展，更是提升我国民航业核心竞争力和创新能力的重要基石。通过强化专业实践，研究生能够将理论知识与实际操作紧密结合，深化对专业领域的理解，掌握行业前沿技术和方法，培养解决实际问题的能力。这种实践经验的积累，对于未来在民航企业、科研机构等岗位上的高效工作和创新贡献具有不可估量的价值，是推动我国民航事业持续健康发展的关键力量。

随着全球航空业的快速发展和科技的不断进步，民航领域对高层次、应用型人才的需求日益迫切。作为培养未来民航业领军人才的重要基地，民航高校在研究生培养中如何有效提升学生的专业实践能力，成为一个亟待解决的问题。

8.1 当前研究生专业实践能力培养存在的问题

8.1.1 课程设置不合理

课程教学作为研究生培养的基础环节，是培养专业实践能力的主阵地。

目前，高校的课程体系、教学内容等与行业的实际需求不匹配，专业实践能力的培养极少体现。

理论与实践课程比例失衡。专业课程一般分为专业理论课程和专业实践课程，在众多高校的课程设置中，往往注重专业理论课的设置，而实践课程的比重较小。研究生通常需要花费大量时间学习理论知识，而能够真正参与实践的机会却相对较少。即使设置专业实践课程，但往往由于实践基地的缺乏或者师资力量的不足，实践课程落地实施率较低。

校企课程建设较少。校企课程一般是指企业方教师进行授课或者企业方教师与校方教师共建的课程，通过课堂，企业方教师依托工作一线的问题或者案例向学生进行专业实践知识的传递，使学生近距离地接触到未来的工作环境。但是，往往由于时间或者其他众多原因，校企课程并未真正实现企业教师授课，更多的是高校教师通过讲座的形式讲授某一知识点，高校教师并未参与企业一线运营，授课质量易偏离课程设置目标。

课程内容更新滞后。随着社会和科技水平的迅猛发展，各行各业的知识和技能都在不断更新换代，然而，一些高校的专业课程内容却未能及时跟上这一步伐，特别是在实训课程中，实训教材往往落后于国家的相关政策、标准，且案例不够新颖，导致学生所学知识与实际工作脱节，难以适应行业发展的需求。

民航高校在研究生培养模式、课程体系以及专业实践及其评价考核等方面均有明确规定，通常以文件或者实施细则的形式展示。但是这些制度的强制性不够，致使管理制度虚化，专业实践能力培养的相关制度普遍出现落地难、执行难和考核难的现象。

8.1.2　师资队伍缺乏专业实践经验

在国家"双一流"建设背景下，各高校摩拳擦掌，开展人才竞争，因此，在师资引进时，一般都会对学历、学术成果等有着明确的要求，而很少会要求有企业实践经验，对于专业实践能力并没有明确的规定，导致引进的青年教师普遍学历较高，且在学术科研方面有较高的造诣，但是实习经验很少。大部分均是博士刚毕业就进入高校，形成从校园到校园的发展，尚未有职业经历，自身的专业实践能力较为缺乏，在教学生或者指导学生时，往往忽略专业实践能力的培养。而这一方面，往往是行业高校所需要的。

高校教师会被派驻到企业挂职锻炼，民航高校教师往往前往飞机制造企业，或者局方单位进行锻炼。但是，由于实践锻炼时间有限，往往不会参与到较为重要的工作当中，较难接触到一线的工作环境，实际的行业问题很难遇到，工作内容相对简单，对企业的具体运行其实并不了解，在专业实践经验上不能得到提高。

另外，高校教师的发展离不开职称评定，而在职称评定文件中，一般会对学术成果和项目研究进行明确规定，较少提及专业实践能力的水平，以至于教师的专业实践能力培养的意识较为淡薄。在职称评审等众多压力下，教师将会投入更多精力在学术成果上，实践教学的时间和精力将会大大缩减。

研究生导师往往同时指导学术型硕士和专业型硕士，分类指导下需要投入的精力更多，但是，导师习惯沿用学术研究生的培养模式，过于注重理论知识的传授，而忽略了实践能力的培养，使研究生难以掌握实际应用技能，无法满足行业和企业的需求。

因此，缺乏专业实践经验的师资队伍是导致研究生专业实践能力培养弱化的重要原因之一。

8.1.3 校企合作机制不健全

校企合作机制不健全的首要问题在于政策法规与管理机制的缺失。国家和省级政府在校企合作方面的政策法规存在滞后性，未能及时出台和完善相关法规。近年来，教育部门多次发文促进校企之间开展广泛而深入的交流合作，培养出专业能力强、技能过硬兼具实践性和职业性的高素质专业人才。但是这些文件并不是对人才培养各主体的硬性要求，而是多以鼓励、提倡为主。这种宏观的缺乏执行层面的指导性政策，很难在促进校企融合发展方面起到实质性的作用[36]，导致校企合作缺乏明确的法律保障和政策支持。当前校企合作的有效模式尚未形成，多数合作仍然是短期的、不规范的、靠感情和人脉关系来维系的低层次合作。合作双方在合作模式和机制上缺乏创新，难以形成具有长期性和稳定性的合作关系。

近年来，校企协同育人的模式在大多数高校中有序开展。但是，由于资源有限或者地域的原因，某些高校提出校企协同育人的人才培养模式尚未真正实施，依然浮于形式，产教脱节、"两张皮"现象严重。校企实践基地运行机制不健全，未能形成分工明确、联系紧密、运行协调的"培养复合体"，限制了校企合作的深入发展，使合作难以形成长效机制。

高校是研究生专业实践能力培养的主阵地，由于种种原因，部分高校未能与相关企业建立起和谐紧密的关系。因此，不能建立起稳定的研究生联合培养基地或者实践基地，以致难以开展真正的实践教学，专业实践依然以科研实践的形式存在，大多数依然在实验室或者研修室内完成，研究生并未真正走向企业、走向行业。

8.2 专业实践能力培养的影响因素

8.2.1 个人因素

研究生的学习态度与学习动机直接影响研究生专业实践能力的培养，积极主动的学习态度能够促使研究生更加主动地参加专业实践活动，对专业实践中存在的问题始终保持好奇心和求知欲，积极探索与实践，进而不断提升自己的实践能力；明确的学习动机是推动研究生持续学习和实践的内在动力，当研究生意识到实践能力对其未来就业和发展的重要性时，他们会更加积极地投入到学习和实践活动中，努力提升自己的实践能力。

良好的时间管理能力是研究生能够有效参与实践活动的重要保障。研究生需要合理安排时间，确保自己有足够的时间用于理论知识的学习，同时又有充足的时间进行实践操作和反思总结。通过有效的时间管理，学生可以更好地平衡理论学习和专业实践的关系，提高实践活动的效率和质量。在实践活动中，学生需要对实践任务进行合理的规划和分解，这有助于他们明确实践目标、制订实践计划、分配实践资源，从而确保实践活动有序进行。任务规划能力强的学生通常能够更好地应对实践中的挑战和变化，保证实践活动的顺利进行。

扎实的专业基础知识是实践能力培养的基础。研究生需要掌握相关的专业知识和理论，从而将所学知识应用于实践，解决实际问题。因此，研究生在校期间应努力学习专业知识，提高自己的专业素养和综合能力。除专业知识外，研究生还需要掌握一些基本技能，如计算机操作、数据处理、语言表达等。这些基本技能在实践活动中发挥着重要作用，有助于学生更好地完成实践任务。因此，学生应注重基本技能的培养和训练，提高自己的综合实践能力。

创新能力是实践能力的重要组成部分。在实践活动中，学生需要具备创新思维和创新能力，勇于尝试新方法、新技术，不断突破传统束缚，提出具有创新性的解决方案。通过创新实践，学生可以锻炼自己的创新能力和解决问题的能力，提高自己的综合素质和竞争力。批判性思维是学生在实践活动中进行反思和总结的重要工具。学生需要保持批判性思维，对实践过程中的问题和挑战进行深入思考、分析，找出问题的根源和解决方案。通过批判性思维的培养和训练，学生可以提高自己分析问题和解决问题的能力，促进实践能力的不断提升。

8.2.2 导师因素

导师是研究生培养的第一责任人，在研究生的实践活动中扮演着指导者、领路人和榜样的角色，对研究生的影响体现在多个方面。

导师的专业实践能力培养的意识需要加强。当前，大部分导师既是学术型硕士导师又是专业型硕士导师，因此，在指导学生的过程中，应担负起重要的责任，需要基于分类培养的理念，在设定研究生培养计划时，根据不同类型的研究生，制订不同的培养计划。对专业型硕士，需要强化专业实践能力的培养，需要规划专业实践的时间以及方式，明确需要达到的目标，与学术型硕士的培养完全区别开来。

导师的专业知识水平直接影响对研究生的指导质量。具备扎实的专业知识基础的导师可以为学生提供准确、前沿的学术指导，帮助学生构建扎实的专业基础。这种专业素养不仅体现在理论知识的掌握上，更多的体现在对专业领域的理解和洞察上。

具备丰富的实践经验是导师指导学生进行专业实践活动的基础，具有实践经验的导师能够为学生提供更多的实践机会和平台，他们可以与相关企业、机构建立合作关系，为学生提供实习、实践等机会，帮助学生更好地了解行业动态和市场需求，提高学生的实践能力，能够为学生提供更具有针对性的实践指导，帮助学生将理论知识与专业实践相结合，使学生更好地理解和掌握专业技能，提高学生的专业实践能力。

导师的指导方法直接影响专业实践能力的指导效能。指导能力强的导师可以利用灵活多样的教学方法，激发学生的探索兴趣和参与积极性，并且注重培养学生的自主学习能力和创新思维，鼓励学生勇于尝试和探索，从而提升自己的实践能力。导师根据学生的实际情况为学生提供个性化的指导，对于提升学生的专业实践能力起着至关重要的作用。通过一对一的指导、小组研讨等方式，导师可以帮助学生解决实践中的具体问题，提供针对性的建议和指导，促进学生的个性化发展。

8.2.3　学校因素

科学合理的课程体系是影响学生专业实践能力培养的重要因素。合理的课程体系应该包含基础理论知识、专业技能训练以及实践应用环节，并且可以将理论与实践紧密结合，确保学生在掌握理论知识的同时，能够通过实践操作深化理解。教学模式也至关重要。传统的教学模式往往是重理论轻实践，这与目前的社会需求不匹配。学校是否采用案例式教学、翻转课堂等新型教学模式，直接影响学生专业实践能力的培养效果。

实践基地学习是专业实践能力培养的必备条件，学校是否拥有完善的实践基地，包括校内和校外的，将直接关系到学生能否获得充足的实践机会。学校是否配备充足的教学资源，如实验设备、教学软件、教材资料等，也是影响学生实践能力培养的重要因素。丰富的教学资源，能够为学生的实践教学提供更加充分的锻炼机会。

师资队伍建设是专业实践能力提升的基础。学校是否拥有一支高水平的师资队伍，教师是否具备丰富的行业经验和教学能力，对于提升学生的专业实践能力至关重要。随着社会的快速发展，教师的知识结构也需要定期更新。学校需要高度重视教师的专业发展，提供定期培训和交流的机会，帮助教师更新知识结构、提升教学水平，这也是影响学生实践能力培养的重要因素。

学校需要建立健全科学合理的专业实践能力评价体系，以全面、客观地评价学生的专业实践能力，这对于激发学生的积极性、主动性和创造性具有重要意义。另外，还需要完善激励机制，可以通过奖学金、评优评选、实习就业推荐等方式，鼓励学生积极参加专业实践活动，提升学生的专业实践能力。

8.2.4　社会因素

随着民航业的快速发展，市场对专业人才的需求也在不断变化，社会对实践能力的要求越来越高,这种以市场为导向的发展现状将直接影响高校对专业实践能力培养的重视度。为确保研究生所学知识与行业实践紧密对接,高校需要进行全面改革,进一步提高研究生的实践能力和就业竞争力。

国家对专业实践能力培养的相关政策将直接影响专业实践能力培养的资源分配。例如,近年来,国家加大投入,鼓励校企合作,建设实践基地等,这些政策为提升研究生的专业实践能力提供了有力的支持。有效的资金投入是专业实践开展的基础,校内实验室的建设、教学设备的更新等,研究生进行校外实践的经费投入、住宿、工资等条件的满足,都是支撑研究生专业实践能力的坚实保障。

校企合作是研究生专业实践能力提升的重要途径。但是,由于企业考虑到自身利益,需要承担学生管理等因素,很多企业在校企合作这一培养模式上处于不积极的态度,并不愿意接收大量研究生,导致研究生在校期间难以获得足够的专业实践机会,影响了其专业实践能力的培养。

社会文化环境对专业实践能力培养也有一定影响。鼓励创新、注重实践的社会文化环境有利于激发学生的实践热情和创新精神,而保守、封闭的社会文化环境则可能抑制学生的实践能力和创新精神的发展。

8.3　专业实践能力培养的路径研究

8.3.1　课程教学

课程教学是育人的主渠道,在民航高校研究生培养中,课程教学环节不仅是理论知识传授的基石,更是专业实践能力培养不可或缺的关键环节。通过精心设计课程体系、优化完善理论与实践紧密结合的课程内容,学生能够在学习过程中掌握扎实的航空管理、飞行技术、航空工程或相关领域的理论基础,更重要的是,能够将这些知识转化为解决实际问题的能力。

课程教学模式可以是多样化的，通过案例分析、模拟训练、实验操作和实习实训等多种形式，为学生提供将所学应用于复杂民航场景中的机会，促进学生创新思维、问题解决能力和团队协作能力的全面提升。此外，课程考核形式的改革也是专业实践能力培养的重要一环，因此，课程教学环节在民航高校研究生专业实践能力培养中发挥着至关重要的作用。

课程体系首先应确保知识的系统性和连贯性，根据专业特点和培养目标，将课程划分为不同的模块，适当增加一定比重的实践课程，在专业基础课、核心课之外，强化技术、技能、方法类专业选修课和实践课程，增加实习实训类、校企协同课程以及跨学科课程，培养学生的综合能力和创新思维，以适应民航业日益复杂多变的挑战。

课程内容应注重理论与实践的结合，以专业理论知识为基础，根据行业发展现状融入行业前沿、行业实践的内容，共同开展专业知识教学与企业实践案例教学，同时应及时更新课程内容，反映行业最新动态和技术发展趋势，将行业最新标准、技术动态和实际需求融入课程内容，确保教学内容的时效性和实用性。同时，还要进行深度和广度的拓展，以满足现代社会对复合型人才的需求。

2023 年，教育部发布《关于深入推进学术学位与专业学位研究生教育分类发展的意见》，强调基础课程和行业实践课程的有机结合，提倡采用案例教学、专业实习、真实情境实践等多种形式，提升解决行业产业实际问题的能力，并在实践中提炼科学问题[37]。教师授课需沿用启发式、研讨式教学模式，将陈述性知识融入实践情境中，以鲜活的案例形式呈现出来，而后利用案例分析、现场研究、模拟训练等方法，使其在发现问题、分析问题、解决问题的实践探索过程中，最终获得程序性知识。加强师生互动，鼓励学生提问和表达观点，形成积极的学习氛围。同时，教师也要及时给予学生反馈和指导，帮助学生解决学习中遇到的问题。注重实践教学环节，将课堂教学、案例教学与现场教学有机结合，鼓励校外导师或企业专业人员进入课堂，推动学生进入现场学习，将理论课程与生产实践充分融合。

课程考核环境将会进一步影响课程教学模块中专业实践的融合效果，建议改变课程考核环境，将实践类课程的考核置于实践基地进行，以真实的课程实践性考核环境设置考题，由行业领域专家协同高校教师共同对专业学位研究生课程学习效果进行考核，以推动建立实践环境下的课程考核方式[38]。

8.3.2　导师指导

导师指导环节在民航高校研究生专业实践能力培养中扮演着至关重要的角色。研究生导师作为学术引路人和实践经验的传授者，能够为学生提供个性化、针对性的指导，帮助他们深入理解专业知识，掌握行业前沿技术。通过导师的悉心指导，研究生能够参与到实际项目或研究中，将理论知识与实践操作紧密结合，从而在实践中锻炼和提升专业能力。此外，导师还能引导学生形成正确的科研态度和方法，培养其独立思考和解决问题的能力，为学生未来的职业发展奠定坚实基础。因此，强化导师指导环节对于提升民航高校研究生的专业实践能力具有不可替代的重要作用。依托导师制的培养模式，在研究生专业实践能力培养方面，充分发挥导师的作用。

切实实行双导师制度，由校内外导师共同指导研究生，发挥"双导师"优势互补作用，以校企"双导师"建设为抓手，鼓励民航单位选聘优秀民航工作者到高校担任研究生导师；同时倡导民航高校专任教师进入企业开展学术活动，将高校教师"走出去"和民航专家"引进来"相结合，打造既了解高校教学规律又熟悉企业实践运作的多元导师团队，推动导师队伍的多元化建设。

民航高校需要定期组织研究生导师参加导师培训、研讨会和学术交流活动，提升导师的教学指导能力和实践能力。鼓励导师之间分享经验、交流心得，形成良好的学术氛围。定期邀请行业专家、企业导师等外部资源参与指导，为学生提供更广阔的视野和更丰富的实践机会。同时，促进校内外导师之间的合作与交流，共同推动学生实践能力的培养。

研究生导师要积极培养自己的专业实践意识，定期到工厂企业进行现场实践学习，与企业中有丰富工程实践经验的专家就学生培养等问题进行沟通，增强培养研究生工程实践素养的能力，与企业现场的工程师开展面对面交流，帮助教师和研究生学习更多课本上没有的现场知识及专业实践经验；主动加入实践教学团队，提高自身的专业实践培养能力和专业实践素养，多与研究生沟通交流，逐步提升研究生的专业实践意识。

8.3.3　校企协同

2013 年，党的十八届三中全会明确提出了"产教融合"的育人方针。随着我国产业结构的优化转型，传统单一主体（高校）的人才培养模式已经无法满足产业对高层次、应用型人才的需求。2020 年，国务院学位委员会、教育部印发《专业学位研究生教育发展方案（2020—2025）》，旗帜鲜明地提出了产教融合是培养专业学位研究生的特征[39]。充分调动企业参与产教融合的积极性和主动性，促进供需对接和流程再造，构建校企合作长效机制是深化产教融合的关键[40]。

民航高校实践基地建设需紧密对接当地民航业发展规划，民航业的用人需求，在政府政策的牵引下，与相关单位建立长期合作关系，加强调研交流力度，明确行业需求，根据学校的专业设置和优势，确认实践基地的服务方向和特色。实践基地的建设需要投入大量资金，引进先进的设备和技术，确保学生能够接触到行业前沿的技术和工艺。因此，为保障实践平台和实践基地稳定、高效地运行，高校和行业领域企事业单位必须建立经费保证、相关激励机制，对实践基地的运行提供必要的经费和政策支持[38]。

企业考虑到自身的权益以及学生管理相关的难度，在实践基地建设方面的态度并不积极，因此应探索新的实践基地建设路径。高校可与企业共同出资建设实践基地，实行股份制管理，确保双方在基地建设中的权益和责任。同时，通过项目化运作方式，将企业的真实项目引入实践教学基地，实现教学与生产的无缝对接。另外，学校也可与企业合作共建实训基地，将实训基地建设在企业内部或学校附近，便于学生进行实践操作和技能训练。同时，企业也可利用实训基地进行员工培训和技术研发等活动，实现双方互利共赢。

民航高校在专业实践能力培养上还需要鼓励研究生积极参加各类竞赛、创新创业大赛、创新实践活动等，以制度化的形式进行约束，开展积分制，满足积分的要求才可获得专业实践的学分，并且采用激励政策，进一步鼓励研究生的参与度与积极性。通过这些课外实践活动，研究生的专业实践操作能力和团队协作精神可得到进一步培养。

充分发挥民航领域行业协会等组织的积极作用，强化研究生教育与所对应职业资格认证的衔接，严格职业资格认证过程，在专业实践能力培养中充分考虑专业资格的认证要求，从课程体系建设到专业实践环节，始终将职业资格认证与专业实践能力培养有机融合，以确保研究生在专业实践能力培养中达到职业资格认证的要求，为他们的未来职业发展奠定坚实的基础。

民航高校研究生培养质量评价体系研究

9.1 民航高校研究生培养质量评价体系的理论研究

民航业属于特殊行业，对人才培养质量有着较高要求。构建评价体系具有重要意义，主要体现在以下两个方面：

其一，该体系能对民航高校研究生的培养过程及结果展开全面、系统的评估。借助这一评估，可及时察觉培养过程中存在的问题，进而有针对性地采取改进措施，切实保障民航高校研究生的培养质量契合行业的高标准需求。

其二，构建科学合理的研究生培养质量评价体系，并将评价结果向社会公开，能够提升民航高校研究生教育的透明度与公信力。这一举措有利于社会各界深入了解民航高校研究生的培养质量，提高民航高校在社会上的声誉与知名度，吸引更多优秀学生报考民航高校研究生。同时，也为用人单位选拔人才提供了参考依据，助力研究生的就业与职业发展。

9.1.1 民航高校研究生培养质量评价的概念

教育评价是指在一定教育价值观的指导下，依据确立的教育目标，通过使用一定的技术和方法，对所实施的各种教育活动、教育过程和教育结果进行科学判定的过程，是对教学工作质量所做的测量、分析和评定。教育评价包括：对学生学业成绩的评价、对教师教学质量的评价和课程评价。教育评价的发展历经了四个时期：第一代教育评价即测量，是获取教育数据的有效可靠方法，主要追求测量与测量结果的标准化、客观化，主要是测量技术与手段的大量应用（真分数理论与技术的应用）。第二代教育评价即描述，是对测量所得数据进行事实还原，再解释学生学习达成教育目标的程度，主要以教育目标理论或概化理论为应用，对每一次测验与考试的结果进行描述或描述性分析。这种"双基"测验与考试，正是导致"应试"的技术源头。第三代教育评价即判断，描述对于目标而言，具有统一性，而学生是多元化的、个性化的，所以在判断学生价值上就出现了冲突。追求学生认知的多元化，就导致必须以多元化的价值标准来判定学生发展。在此背景下，根据测量所得的事实判断学生发展情况、以能力倾向判断学生发展的项目反应理论产生。对于这类评价来说，制定价值判断标准尤为重要。20世纪80年代，第四代教育评价——"建构"时代开始了，主要研究教育建构的过程、方法和特征，认知诊断理论和多维项目反应理论成为这个时期教育评价研究和应用的主流。认知诊断理论以"知识结构+认知结构+思维模型"为基础，对认知的形成过程做出诊断和判断，即对教育的过去进行诊断和判断。多维项目反应理论则是对多重显性能力进行测量，并对学生的未来发展做出诊断与预测，即对教育未来进行诊断和判断[41]。

根据质量和培养质量的有关规定，可以把研究生培养质量概括为研究生在特定的环境条件和教育背景下，其本身所固有的、满足研究生个人、社会以及学科发展明显或隐含需求的一组特征或特征总和。依据全面质量的观点，研究生培养质量不仅包括研究生培养的产品或服务的质量，还包括反映影响研究生培养质量的关键影响因素的质量，如学校教学环境质量、教师教学质量、科研质量、课程设置质量等。研究生教育是本科阶段后以研究为主要目的的高层次的专业教育，专业性与探究性是其基本特征。因此，研究生培养不仅要满足社会发展以及个人发展的需要，还要满足促进学科发展、探索新知识的需要。

根据研究生培养目标，将质量管理理念引入研究生培养过程中，运用数理统计和运筹学方法，采用特定的指标体系，对照统一的评价标准，按照一定程序，系统地收集研究生培养过程中的各种信息，通过定量定性对比分析，对研究生培养工作过程和客观效率、效果做出客观、公正、准确的综合评价，并进行反馈，以促进和提高研究生教育工作水平及效果。研究生培养质量评价的内容非常复杂，主要包括对影响研究生质量的有关因素和过程，以及对培养成果的评价[42]。

民航高校研究生培养质量评价是指对民航高校在研究生培养过程中所涉及的各种因素、环节和结果进行系统、科学的评估与判断。这一过程不仅关注研究生的学术水平、专业技能和创新能力等核心素质，还涵盖了培养条件、师资力量、课程设置、教学管理、实践环节以及就业质量等多个方面。

评价发现的研究生培养过程中存在的问题和不足，为高校提供了改进方向和依据，推动研究生教育质量的持续提升。根据评价结果，合理配置教育资源，提高资源利用效率，确保研究生培养工作的顺利进行，通过客观、公正的评价，展现民航高校研究生教育的优势和特色，提高社会认可度和影响力。对于高校而言，研究生培养质量评价是提升教育质量、增强竞争力的重要手段；对于学生而言，评价结果能够反映其培养成效和就业竞争力，为其未来职业发展提供参考；对于社会而言，评价结果有助于了解民航领域人才培养的质量和水平，为行业发展和政策制定提供依据。

9.1.2　研究生培养质量评价的理论基础

研究生培养质量评价体系的相关理论研究涉及多个方面，主要包含利益相关者理论、教育经济效益理论、系统评价理论。

利益相关者理论最早于 1963 年由斯坦福研究所（SRI,Stanford Research Institute）提出，其本意是指企业经营者在经营决策中应对某些可能危及企业生存和发展的群体的利益予以关注。弗里曼（Freeman）将利益相关者定义为："那些能影响组织目标实现或被组织目标实现所影响的个人或群体，包括竞争者、消费者、消费者利益鼓吹者、所有者、地方社区组织、政府、供应商、环保主义者、特殊利益集团、雇员等。"[43] 1984 年，弗里曼给出了经典定义，即企业应该是利益相关者，企业也应对除股东之外的其他利益相关者负责。因为企业在从事社会责任活动时是有风险的，而这些利益相关者在企业发展中与企业一同承担了风险[44]。

众多学者对此展开研究，有些认为高校的利益相关者包含教师在内的四类确定型利益相关者和校友在内的九类预期型利益相关者。也有学者将高校利益相关者分为四个层次。第一个层次统称为核心利益相关者，如教师、学生、学校管理人员等；第二个层次统称为重要利益相关者，如校友、财政拨款者等；第三个层次统称为间接利益相关者，如产学研合作者、科研经费提供者等；第四个层次统称为边缘利益相关者，如社会公众等[43]。无论哪一种研究，学生均是受益者。当这一理论应用于研究生教育时，高校是由政府统一管理的。此时，若把高校当成企业，那么政府就是股东，研究生、教师、导师以及其他人员均是利益相关者。高校在发展的过程中，不仅要对股东负责，也就是政府负责，更要对利益相关者负责。研究生作为利益相关者之一，那么高校就要对研究生的培养成效负责。因此，研究生培养质量评价体系可以监测人才培养的质量，让高校更加重视人才的培养，即使高校在其他方面会损失一些利益，但是整体是受益的。

研究生培养质量评价研究属于教育经济效益的范畴[45]。目前关于教育经济效益的定义，学界还没有形成一致的看法。一些学者认为，教育经济效益是指"运用教育的方式提高劳动者的劳动能力和素质，其在劳动生产部门取得经济收入的增长值，在抵消用于教育和培训的全部成本之后的剩余纯收益。它从计量上表示教育对经济发展的贡献，也可以说是给经济增长带来的效益"。也有学者认为，教育经济效益是指"教育的生产职能给人们所带来的经济效益"。另有学者认为，教育经济效益指"教育产业单位的经济效益"，教育经济效益是"教育的社会经济产出与教育投资之比较"[42]。总之，教育经济效益是指教育领域内劳动耗费同教育所得到的经济报酬在数量上的对比，教育经济效益往往不是直接显现的，而是通过提高劳动力素质、促进科技创新、改善社会管理等途径间接作用于经济发展，并且需要较长时间才能显现的。因为人才培养、科技创新等都需要时间的积累。一旦教育投资产生经济效益，其影响往往是长期而深远的，能够持续推动社会经济的进步。将其应用于研究生教育中，则是高校在办学的过程中，进行人才培养所投入的资金经费以及高校的基础设施等，而产出量则是这么多量的投入所能培养出的研究生的数量。因此，设定研究生培养质量评价体系，实则是对其投入与产出的比较，在评价过程中，不断优化培养模式，提高研究生的培养质量，以进一步降低投入与产出的比率，降低人才培养的成本。

系统评价理论把评价对象看作一个由多个相互关联、相互作用的子系统组成的整体系统。在这个系统中，评价指标、评价权重、评价方法等都需要按照系统最优化的方法进行选择和运用。通过对系统内部和外部环境的分析，系统评价理论能够揭示评价对象的本质特征和运行规律，为决策提供科学依据。系统的全部行为或活动可以划分为三个环节：输入过程、转化过程、输出过程。任何一个系统都是一个转化机构，它的功能和目标是把已有的资源生产转换为目标物（输出）[42]。而研究生的培养体系是一个多方面、多维度的动态变化过程，由多类型、多层次组成，受到多个影响因素的作用，是一个系统性的工程。因此，研究生培养质量评价体系也是一个复杂多样化的系统。首先，高校在研究生的培养中需要确认一个培养目标；其次，围绕这一培养目标，将教师、学生、导师、管理者等组合在一起，形成一个系统。从系统的角度出发，以系统论的理念来进行研究生培养质量评价，包括确认评价指标、建立评价标准、选择评价方法，实施系统评价，为研究生教育质量提升打下坚实的理论基础。

9.2　民航高校培养质量评价指标体系的构建

9.2.1　民航高校培养质量评价指标体系构建的基本原则

系统性与特殊性相结合原则。研究生培养是一个多层次、多类型的系统性工程，培养环节复杂且量多，因此，在进行评价指标的设定时，需要考虑多方面的因素。首先，应该考虑培养目标的设定是否合适，培养方案的设置是否可行。其次，还要考虑各个环节之间的协调性，如课程的设置情况与培养目标之间的关系，基础设施与经费投入之间的关系，师资条件与学习情况之间的关系等，要以系统整体目标的优化为准绳，协调系统中各子系统的相互关系，精心设计各层次和模块指标，使系统完整、平衡，操作性强、可控性强[45]。因此，评价指标的选取应以整体性与平衡性为基础。但是，太过全面的评价会限制高校特色的体现，全面性系统性的同时，也要结合特殊性与重点性，在指标选取中也要有所偏颇，体现出特殊性。例如，在研究生的培养中，着重培养实践性和创新性。因此，在指标构建时，要着重考虑实践性与创新性两方面的要求。所以，在评价指标构建时要考虑系统性与特殊性相结合原则。

目的性与激励性相结合原则。民航高校开展研究生培养质量评价，是为了推进研究生的教育改革工作，提升研究生的培养质量。而研究生的培养质量高低取决于利益相关者的期待和需求，因此，研究生培养质量评价是基于高校的利益相关者对于"人才"的定义。明确了目的之后，开展评价与分析，通过评价结果，进而得出高校人才培养目前存在的问题。应采取何措施进行提升与改进，这对于高校的人才培养来说是一种激励，因此，在培养指标建立的过程中，既要满足目标的达成，又要有一定的激励作用。所以，在评价指标构建时要考虑目的性与激励性相结合原则。

科学性与可操作性相结合原则。评价指标的科学合理是评价结果准确性的基础，因此，科学性原则是指构建高等工程教育人才培养质量评价体系，评价指标选择和评价实施过程都要符合实际[44]。每个指标都需要含义清晰，指向清楚，既要注意指标的明确性，又要注意各个指标之间的关系，在选取指标时，要考虑的不仅只是对目前的研究生培养质量进行的评价，还要对研究生教育改革提供建设性的意见。因此，指标的选取要考虑国家层面的指标规范，并且遵循一定的标准、量化的指标，确保指标的科学性。另外，指标的选取要遵循可操作性，即所设定的指标在实际的工作开展中可以快速简单地找到。所以，在评价指标构建时要考虑科学性与可操作性相结合原则。

过程性和终结性相结合原则。民航高校研究生培养质量的评价体系应是始终贯穿于研究生培养的全过程评价。过程性评价着眼于研究生培养的各个环节，而终结性评价则是最终的一个结果，最终反馈给培养过程，因此，研究生培养质量评价体系分为过程性评价和终结者评价两个子系统。事前评价有利于提醒研究生做好学习准备，并有针对性地在后期学习过程中弥补知识上的缺陷；事中评价有利于帮助研究生及时纠正学习过程中的不良习惯和不当学习方法；事后评价有利于帮助研究生针对前段时间的学习进行总结反思，并结合目标进行评价[42]。而终结性评价是对研究生的培养结果进行的评价，该评价结果将映射到培养过程中，为改革培养模式、优化培养方案等环节提供引导。所以，在评价指标构建时要考虑过程性和终结性相结合原则。

静态与动态相结合原则。民航高校研究生的培养是一个长期且不断变化的过程，时代瞬息万变，由于国家对人才的需求不断变化，培养目标、培养模式、授课方式、培养条件等均发生了变化。另外，评价的标准也会随之变化，而高校的利益相关者对于人才的定义，对于高校的期待同样会发生变化，这些都会影响评价指标的选取。因此，在指标的选用中，不仅要考虑静态指标的设定，还要以时代发展为基础，设定好相应的动态指标，遵循静态与动态相结合原则。

定性和定量相结合原则。定性分析是对评价资料进行性质分析，对获得的相关资料进行一系列的思维加工和逻辑分析整理。定量评价方法则是运用数学方法，对被评价对象进行价值判断，以获得精确的定量结果[46]。定性评价更注重质的评价，但是，往往结果较为模糊笼统，不够明确，弹性较大。而定量评价是将评价对象的一些特性通过数值的展示进行描述，具有客观性、精确性等特点。但是，在指标选取的过程中，并不是所有的指标都可以用数据来显示，所以，研究生培养质量评价指标的选取既要有定量评价也要结合定性评价，根据评价对象的实际情况，将两者有机结合，发挥各自优势，进而保障研究生培养质量评价体系的准确性。

9.2.2　民航高校研究生培养质量评价指标体系构建的要素分析

民航高校研究生培养的目标是以国家战略要求以及民航业的发展需求为导向，因此，在进行评价指标构建时应从社会对于民航高校研究生培养的需求出发，从知识结构、专业能力和道德素养方面进行分析。

知识结构方面。民航业是一个复杂性多元化的系统，涉及多个学科领域的知识，如工程、环境、经济、管理等。为了满足当前复杂多变的社会现状，人才培养应具备较为完整的知识结构，具备扎实的专业基础知识。在核心学科知识上，需扎实掌握航空器的结构、性能以及系统等方面的基础概念、基本原理，理解航空器设计、制造、飞行安全等的相关研究，掌握航线规划、航班调度和机场运营的实际操作理论。在基础学科知识上，需要扎实掌握数学、物理等基础学科知识。例如，数学在民航领域应用广泛，主要用于飞行性能计算、航路规划优化、统计分析等，物理中的空气动力学、热力学等，是研究航空器性能的基础。因此，掌握基础学科知识，是从事民航相关工作的前提。在交叉学科知识上，随着科学技术不断进步发展，知识、学科呈现出多样化的特点，多学科知识的集成与交叉，是解决行业需求的关键。如计算机科学与技术在民航信息化建设中发挥重要作用，主要用于航空信息系统开发、大数据分析、智能决策支持等，结合管理学与工程学的理论与方法，用于解决民航企业的运营管理、资源优化、决策支持等问题，外国语言文学用于适应民航领域的国际化需求。在工具性知识方面，工具性知识包括计算机操作知识、计算机软件知识和外语知识等方便用于技术实践的知识，科学技术的快速发展激发出的互联网+业务操作。因此，信息技术知识的掌握是满足人才培养需求的基础。

专业能力方面。研究生的培养不同于本科生着重于知识的传授，研究生教育的目标是培养有能力的创新型高层次人才。这些能力包含实践能力、创新能力、管理能力以及社会适应能力。民航业作为一个应用性较强的行业，更加注重专业实践能力的培养。专业实践能力是我国科技创新的基础，也是我国建设创新型国家的前提。民航高校研究生在掌握扎实的理论基础之后，开始进入行业进行实践，需要将所学的理论知识转化为实际工作中发现问题、解决问题的能力，同时还要具有设计并进行试验分析的技能，熟练掌握专业领域的新工艺、新设备，并能熟练操作[44]。这是研究生实践能力的展示，若没有较好的实践能力，则不能完全匹配行业需求，不能为社会创造出成果。创新能力包括创新意识、创新思维和创新行为。民航高校研究生的创新能力体现为对民航相关工作有继承和创新的思维意识，有创造兴趣，面对工作中的问题时能运用逻辑思维来解决，了解行业的前沿及市场需求，能综合运用知识和技术，不断用新观念解释问题，用新技术解决问题。面对我国经济发展转型升级与全面提升国际竞争力的紧迫要求，研究生更需要具有创新能力，以提高民航业从业人员的整体素质。[44]管理能力不仅是指工作中的管理能力，也包括个人的自我管理能力。个人自我管理主要是时间的管理、知识的管理等，一个人只有在有效的时间段内将自己的知识技术更好地应用于行业需求中去，才能实现自身更好的发展。而工作的管理一般包括人员内部的管理以及工作内容的管理，良好的管理能力不仅可以提升凝聚力，还可以提高工作效率。社会适应能力包括团队意识、协作能力、终身学习能力和表达沟通能力等方面。人生活在社会中，处处需要与人沟通交流，有效的沟通可以促使工作目标的达成，提升工作效率。这些能力不属于技术范畴，但是人才培养的基础条件之一。

道德素养方面。要成为合格的新时期创新型人才，必须要具备个人修养、基本道德、社会公德和职业道德等基本素质，要有历史使命感和责任感，遵守社会公德和职业道德，坚定理想信念，服务国家现代化建设[44]。个人修养主要包含研究生的个人情感、行为准则、言行习惯、学习态度等。只有具备了良好的个人修养，才能始终遵循道德底线，更好地履行社会义务，全身心为社会服务。基本道德是人们共同生活时所要遵守的准则与规范，具体包括文明礼貌、诚实守信、勤俭节约、积极进取、能与他人和谐相处等[44]。只有遵循社会准则与规范，恪守基本道德，才能严格要求自己，为社会发展、行业进步作出贡献。社会公德则是自然形成的道德准则。民航业作为国家战略产业，在发展的过程中，需以大局为重，具备环保意识，进行节能减排，制定碳达峰、碳中和目标等，这些均是社会公德的充分体现。职业道德是与人们职业活动相联系的、符合人们职业特点所要求的道德品质与道德准则的总和，是每一个从业人员所应具备的道德素养，主要包括：高度的专业精神，致力于提升民航领域的科技水平和服务质量；高度的安全意识，将安全放在首位，严格遵守安全规章制度和操作规程，确保飞行安全和乘客安全；高度的服务意识，时刻关注乘客需求，提供优质、高效的服务体验；具备良好的团队合作精神，与团队成员相互协作、相互支持，共同完成任务和目标；具备持续学习的精神，保持对新技术、新知识的敏锐度，不断学习、更新自己的知识体系和技能水平，以适应民航业的快速发展。

9.3 民航高校研究生培养质量评价体系的实施与保障

9.3.1 民航高校研究生培养质量评价体系的实施步骤

培养质量评价作为一种过程性与结果性相结合的系统性工程，开展的基本步骤可以从两种不同的角度加以讨论。

盖伊从教育评价活动展开这一侧面提出，评价活动可以分为计划、过程与成果三个阶段[47]。计划阶段，即在研究生培养开始之前，首先需要确定培养目标，明确研究生培养的整个流程。主要工作：研究生培养开展前的情景分析，包含研究生培养的对象、研究生培养的条件等；确定研究生培养的目标，明确研究生培养开展的先期条件；选择评价的测量工具并编制测量工具，制定研究生培养活动开展的活动策略，选择合适的培养方案，并制定研究生培养活动开展的进度表。在过程阶段，即在研究生培养活动进展之时，需判断实际开展的研究生培养活动与起初计划的研究生培养活动的相符合程度，并且要判断为改进研究生培养所需要采取的措施。具体工作有：前测管理，入学行为的测试管理，培养目标的合理性与适配性，以及周期性资料的收集，对研究生培养策略开展有效性的分析。在成果阶段，即在研究生培养活动开展之后，需要对研究生培养活动的整个过程的全面效果做出评价，并制定相应的对策，具体需要收集与培养目标相关的资料，对资料进行分析，收集到非预期成果的一些资料，将所有的资料进行汇总，并进行分析与解释，最终形成评价报告。

以上是按照研究生培养活动展开的，如果将教育评价作为主体进行划分，过程又可分为准备阶段、实施阶段和结果阶段。在进行研究生培养质量评价开始之前，准备阶段需要做的就是背景分析，评价方案的设计以及做好评价之前的一切准备，如评价组织的建立等。评价的实施阶段是整个评价活动的一个重要阶段，包括相互沟通收集信息以及研究评分和汇总整理等相关工作。最后是评价结果阶段，不仅包括对评价对象所得出的结果的分析，更包含评价这一活动质量的评价。评价结果的分析是评价活动的核心。高质量的评价活动所得出的评价结果可以为政策制定以及研究生教育改革献计献策。评价结果的分析是评价实施阶段的延续，评价准备和实施阶段又是评价结果分析的前提，因此，三个过程相互依存，共同促进评价活动的顺利开展。

9.3.2 民航高校研究生培养质量评价体系的评价方法

回访调查法。回访调查法是指在研究生培养结束毕业之后，通过调查相关人员（即应届毕业生或毕业多年的研究生）在实际工作过程中的情况，其中包含所学的专业知识应用情况、导师指导的课题应用情况以及在学校所学习到的相关内容在工作岗位上的匹配度，来收集关于培养工作改进意见的活动。这种方法侧重了解研究生在实际工作中如何运用所学知识和技能，以及他们在工作中的表现和反馈。通过回访调查，相关专业可以直观地评价研究生的培养质量，并发现民航高校在研究生的培养过程中可能存在的问题和不足。

监督考察法。监督考察法强调的是培养过程中的评价，主要通过平时在课程学习、课题研究、导师指导等相关环节，直接检验研究生所学的专业知识的情况，课题研究所培养的相关能力的实践情况，以及收集研究生在学习中的表现来进行。这种方法强调对研究生学习过程的持续关注和监督，通过日常的观察和记录，来评估研究生的学习态度、能力水平以及实践应用能力。监督考察法还可以结合周围人员的意见（如导师、同学等）来对研究生的培养质量进行综合评价。

专家打分法。专家打分法是指邀请研究生培养相关域内的专家，根据评价对象的若干评价指标，按照一定的评价指标体系进行定性评估，并给出自然语言值的术语评价。这种方法主要利用专家的专业知识和经验，对研究生的培养质量进行权威性的评价。专家打分法还可以结合研究生的导师、管理人员以及同学针对其在研究生培养过程中的表现的看法，如是否认为研究生的表现较以往有进步等，来综合评估研究生的培养质量。

成绩评定法。成绩评定法是通过研究生的学习成绩、科研成果、论文发表等量化指标来评估其培养质量的一种方法。这种方法侧重对研究生学术能力和实践能力的客观评价，通过具体的成绩和成果来反映研究生的培养效果。成绩评定法通常与学校的学分制度、学位授予标准等相结合，形成一套完整的评价体系。

问卷调查法。问卷调查法一般是依据评价人员的评价目的，结合民航高校的培养特点，通过设计问卷来收集研究生、导师、用人单位等多方面的意见和建议，以全面了解民航高校的研究生培养质量。该方法被广泛应用于研究生培养质量的评价中，根据问卷的结果，可以深入地分析原因，并给出相应的政策与改革建议。

同行评审法。同行评审法是指邀请同行专家对本校研究生的科研成果、论文等进行评审，以评估其学术水平和创新能力。根据评审结果，进一步制定相关制度措施，用于提升研究生的培养质量。

9.3.3 民航高校研究生培养质量评价体系的保障措施

加强顶层设计。成立专门评价机构：民航高校应成立由校领导、研究生院、各学院负责人及督导专家组成的研究生培养质量评价委员会，负责全面指导和监督评价体系的实施；并且明确各相关部门和人员在评价体系中的职责和任务，确保各项工作有序开展，并将该项工作融入绩效管理、评优评先中去，加强各相关人员的参与积极性。制定相关规章制度：结合民航高校的实际发展情况以及研究生的培养现状，制定和完善研究生培养质量评价相关的规章制度，如《研究生培养质量评价办法》《研究生培养质量评价指标体系》等；确保各项制度得到有效执行，对违反制度的行为进行严肃处理，形成制度约束。

加大投入力度。增加各项经费投入：民航高校应始终重视培养质量评价体系建设工作，意识到其对于推进教育改革、培养质量提升的重要意义；通过多渠道、多种形式加大对研究生培养质量评价工作的经费投入，研发教学质量监控系统，建立培养一体化监测系统等，确保评价工作顺利开展；改善研究生学习、科研和生活的条件，提供必要的设备、图书资料等资源支持，为研究生培养质量评价创造良好的外部环境。

建立反馈与改进机制。定期发布评价报告，为加强所有人员的评价体系建立意识，研究生院应定期发布研究生培养质量评价报告，向全校师生公开评价结果，使师生明确了解当前培养过程中的一些问题与不足之处，接受监督。建立畅通的反馈渠道，通过官网等渠道发布，收集师生、用人单位等方面的意见和建议，及时对评价体系进行调整和完善。针对评价中发现的问题和不足，制定具体的改进措施并付诸实施，不断提升研究生培养质量。

加强监督与评估。内部监督：学校内部应建立监督机制，对研究生培养质量评价工作的各个环节进行监督，确保评价工作的公正性和客观性。外部评估：邀请第三方机构对研究生培养质量进行外部评估，以更加客观、全面地了解学校的培养质量水平。

9.4 民航高校研究生培养质量评价体系的研究
——基于 A 民航高校的实例研究

近年来，国家科技与创新能力进一步提升，为了满足快速发展对高层次人才需求量的逐渐增加，民航高校研究生招生规模逐年扩大[1-3]。研究生培养作为高层次人才输出的主要渠道，在数量增加的同时，保障质量也成为研究生培养的关键。2013 年，研究生教育会议上提出研究生质量保障体系是两大着力点之一；2020 年，三部委出台纲领性文件《关于加快新时代研究生教育改革发展的意见》，提出了为何高度重视研究生教育质量保障；2020 年，国家又出台《关于进一步严格规范学位与研究生教育质量管理的若干意见》。可见，国家对于研究生教育质量高度关注，应建立完善的研究生培养质量监督机制，以进一步保障研究生培养质量。

行业特色院校是我国高等教育体系的重要组成部分[4]，承担着本行业人才输出的重任，人才的培养质量关乎本行业未来的发展方向。在当今行业强国的建设中，技术创新能力强的高层次人才培养占据主要地位。而民航高校不同于其他普通高校，在培养模式与培养环节中均与行业特色紧密相连，如何保障高层次人才的培养质量是民航高校目前所面临的重要问题。

研究生教育从纵向上可以分为硕士生教育和博士生教育两个层次，从横向上可以分为学术学位和专业学位两大类型，横向和纵向交叉可将研究生划分为学术学位硕士生、学术型博士生、专业学位硕士生和专业学位博士生四大类[5]。不同类型的培养目标有着较大的区别，专业型硕士侧重实践应用能力的提升，主要是培养应用型、创新型人才，进而满足本领域对高层次专业技术型人才的需求，而学术型硕士生是较为特殊的群体，处于博士与硕士培养的中间过渡阶段，主要侧重对本领域的前沿问题进行研究与探索，通过科研产出进一步推动本领域的生产力发展，并为博士生的教育阶段培养优秀的学术科研人才。在民航高校中，学术硕士与专业硕士的培养目标、培养模式区别较为明显。因此，本节将从分类培养的角度出发，立足行业，深入分析目前民航高校的专业硕士与学术硕士的培养现状，进而建立起培养质量监督机制。

9.4.1 民航高校硕士研究生培养现状分析

本节以 A 民航高校为例，对全体研究生进行问卷调查，题目涵盖了研究生培养的全过程，其中包括课程学习环节、实践教学环节、导师指导环节、院校支持以及自我满意度等内容。研究生对问卷题目的回答可充分真实地反映 A 民航高校研究生培养的现状。

1. 课程学习环节

课程学习是研究生培养的基础环节，主要包括课程本身的质量以及授课老师的教学质量。对于课程学习的质量评价，可通过研究生的问卷调查结果充分显示出来。图 9.1 为 A 民航高校专业硕士和学术硕士以及全国专业硕士与学术硕士对于各类课程质量的评价打分均值，由质量非常低到质量非常高依次计分为 1～5 分。通过图 9.1 可知，该校学术硕士对各类课程质量评价的均值始终低于全国学术硕士，专业硕士对各类课程质量评价的均值基本高于全国专业硕士，且专业硕士的评分始终高于学术硕士。此数据进一步反映了在 A 民航高校内，专业硕士对于所修读的各类课程质量的体验满意度远远高于学术硕士。其中，学术硕士对思政类课程的评价最高，对专业前沿课程的评价最低，专业硕士对专业基础课程的评价最高，对跨学科的课程质量评价最低。

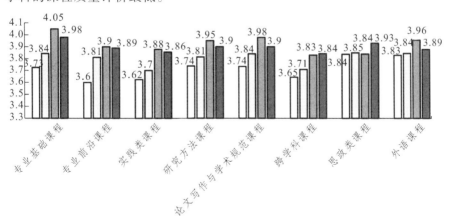

□本校学术硕士对各类课程质量评价均值　□全国学术硕士对各类课程质量评价均值
■本校专业硕士对各类课程质量评价均值　■全国专业硕士对各类课程质量评价均值

图 9.1　不同类型的硕士对于各类课程质量评价均值

为充分了解 A 行业高校的研究生课程教学质量现状，由不同类型的硕士对课程教学的评价进行打分，对"非常不符合""比较不符合""一般""比较符合""非常符合"，依次分别计为 1~5 分。

通过对表 9.1 的研究分析发现：该校学术硕士整体上对修读课程的满意度低于全国均值，而专业硕士高于全国均值，且专业硕士的满意度高于学术硕士。由此可知，该校在课程教学中，专业硕士的课程教学设计质量要明显高于学术硕士，主要体现在与任课教师交流互动以及授课内容的难度和跨度方面。

表 9.1　不同类型的硕士对课程教学的评价

题目	本校均值		全国均值	
	学术硕士	专业硕士	学术硕士	专业硕士
我经常与任课老师讨论问题	3.49	3.59	3.47	3.46
我修读的多数课程有足够的挑战度	3.47	3.68	3.55	3.57
必修课占比太高、选修课占比太低	2.93	3.06	2.84	3.05
教师能够很好地把专业教育和思想教育融为一体进行授课	3.60	3.84	3.82	3.8
整体上我对修读的课程很满意	3.71	3.97	3.89	3.83

2. 实践教学环节

实践教学是研究生培养的核心环节。研究生培养的特点是不再一味地强调知识的传授，而更加注重知识的应用与实践，研究生培养的是发现问题、解决问题的能力。因此，实践教学环节是学术硕士与专业硕士的必修环节。实践教学主要包含研究生的参与度以及参与过程的体验。据统计，23.6% 的本校学术硕士选择参与课题数量为 1 项，与全国学术硕士的基本情况一致，36.2% 的专业硕士选择参与课题数量为 1 项，而全国专业硕士选择最多的为 0 项。由此可见，本校专业硕士参加的课题项目数高于全国的情况，在实践环节，专业硕士的参与数量居领先水平。

研究生参与课题研究经历的评价可以充分反映该校培养过程中的实践环节的质量，通过打分的形式，对"非常不符合""比较不符合""一般""比较符合""非常符合"，分别计为 1 ~ 5 分。

从表 9.2 可以看出，学术硕士对就读期间的课题研究情况满意度低于全国均值，专业硕士的满意度高于全国均值，且高于学术硕士；主要体现在导师的指导、课题的研究方向等方面。

表 9.2　不同类型的硕士对课题研究经历的评价

题目	本校均值		全国均值	
	学术硕士	专业硕士	学术硕士	专业硕士
在课题研究中经常得到导师的有效指导	4.16	4.29	4.11	4.19
所参与的课题非常符合我的研究兴趣与意愿	3.96	4.23	3.93	4.12
我投入时间最多的课题与我的毕业论文密切相关	3.92	4.23	4.10	4.12
承担的课题任务太多，挤占了我研究和学习的时间	2.59	2.63	2.55	2.63
承担的课题任务与获得的报酬不呈正比	2.61	2.54	2.51	2.61
整体上我对就读期间的课题研究情况很满意	3.80	4.24	3.87	4.11

3. 导师指导环节

导师指导是研究生培养的重要环节。导师的指导包括日常指导频率以及指导过程的成效。通过问卷调查可知，本校 40% 的学术硕士认为每周与导师面对面交流频次均为若干次且与全国的学术硕士情况一致，而 39.4% 的专业硕士每周与导师面对面交流频次均为 1 次且与全国的专业硕士情况基本一致。

研究生对导师的评价可以进一步体现出导师指导的质量，对"非常不符"比较不符合""一般""比较符合""非常符合"，分别计为 1～5 分。

对表 9.3 中的题目进行打分发现，A 民航高校学术硕士对就读期间的课题研究情况满意度低于全国均值，专业硕士的满意度高于全国均值，且高于学术硕士；主要体现在导师的指导方法、导师的指导态度以及导师的责任心等多方面。

表 9.3　不同类型的硕士对导师的评价

题目	本校均值		全国均值	
	学术硕士	专业硕士	学术硕士	专业硕士
导师允许我自主选择学位论文题目	4.24	4.45	4.12	4.35
导师倾听并尊重我的研究想法	4.31	4.53	4.25	4.39
导师为我独立开展研究创造条件	4.24	4.40	4.15	4.26
我感觉自己是导师的"廉价劳动力"	1.67	2.24	1.92	2.07
导师认真阅读了我的学位论文并提出具体的修改意见	4.35	4.51	4.27	4.35
导师关心我的心理状况	4.25	4.35	4.08	4.13
导师对我的职业生涯规划提供了很好的指导	4.04	4.39	3.88	3.98
整体上我对导师的指导很满意	4.27	4.51	4.28	4.34

4. 院校支持

院校支持是研究生培养过程的支撑力量，是进行课程学习、实践教学以及导师指导的所有环节的基础保障，主要包括奖助学金政策以及院校的基础设施条件。对 A 民航高校的学术硕士和专业硕士进行问卷调查，最终得出学术硕士对于奖助支持的评价高于全国均值，而对于硬件条件的评价却低于全国均值，而专业硕士对于奖助和基础设施的评价均高于全国均值，主要体现在奖助学金资助渠道以及评选标准、研学、住宿以及就业支持等方面。

5. 自我满意度

自我满意度是研究生培养过程的成效体现。通过 3 年的研究生生涯，自我感觉在专业知识和能力增长方面有所提升，这是培养成效的体现，也进一步反映了研究生的培养质量。通过专业硕士、学术硕士对专业知识和能力增长的评价可知：学术硕士的自我满意度始终低于全国均值，而专业硕士的自我满意度均高于全国均值、且高于学术硕士，主要体现在专业知识水平、实践应用能力、自主思考研究能力、语言表达与交流能力等方面。

9.4.2　民航高校硕士研究生培养质量监督机制研究

通过对 A 民航高校研究生培养现状进行问卷调查分析发现，学术硕士与专业硕士的培养现状存在很大的差异性。就总体而言，由研究生对培养环节的评价以及研究生培养的自我满意度可知：A 民航高校的专业硕士培养模式较学术硕士更为成熟，且学生的培养质量相对于学术硕士较高，这是由民航高校的自身特性所决定的。

专业硕士的培养目标与民航高校相契合，在专业硕士的培养中，可以较好地应用民航高校的优势，结合本行业特色，开展一系列的培养，而学术硕士在培养的过程中强调科研创新，而这正是行业高校在长期发展过程中所忽视的。在课程学习中，专业课程的设计与授课均与行业特色紧密融合，对于专硕教学而言，专业基础课程质量较高，但是过度追求专业，往往忽视了各学科的交叉融合，在课程跨度方面未能满足学生需求；对于学术硕士而言，思政课程的融入较为全面，但是专业前沿课程不足以满足学术硕士的日常研究。民航高校紧密结合本行业发展，研究生的培养离不开行业日常的实践，因此，课题项目的数量较多，研究生参与度较高。但是在实践经历中，学术硕士的研究方向以及导师的指导处于劣势，这与民航高校的特性相关，导师以及课题的方向大多倾向专业性与应用性，不太符合学术硕士科研探究的培养目标。因此，在培养质量监督机制建设方面，专业硕士与学术硕士应在统一的监督机制下,但是监督指标上要有所区别。导师指导环节中,专业硕士与导师交流的频率低于学术硕士,而对导师指导的评价却高于学术硕士,以及在院校支持中,对于基础设施硬件条件的评价较低,仍是由于民航高校的特性:民航高校在研究生培养中起步较晚,基础设施及硬件条件用于支持研究生培养的仍不完善。因此,根据民航高校特性以及分类培养下研究生培养的现状分析,特制定以下研究生培养质量监督机制,用以保障与提升研究生的培养质量:

1. 提升课程质量,改进教学方法,加强学校监督

从分类培养的角度出发,依据不同的培养目标,严格监督课程质量,包括课程大纲的更新以及课程教材的选用,学校督导组中成立课程质量考核小组,针对学术硕士重点关注本专业前沿知识点的渗入,是否可支撑科研创新与学术交流,对于专业硕士,在保障专业基础课程质量的同时,强化课程的交叉融合,提升课程内容的深度与广度。实时督查教师教学质量,包括教学态度以及教学内容,强化教师的责任心,实时监督教师的教学方法是否充分适合不同培养类型硕士的要求,定期对教师进行考核,加强课程质量监督力度。

2. 提供实践机会,强化实践参与,加强自我监督

保障研究生课题的参与度,鼓励导师申报课题与项目,结合行业特性,加强行业联系,提供实践机会,支持研究生参与研究。在实践过程中,强化实践参与成效的监督,包括选题是否得到导师的指导,课题方向是否契合研究生培养目标以及研究方向,加强对培养单位的监督,杜绝出现形式化的实践教学;由教学督导组以及研究生管理部门深入实践考核环节,严把实践考核质量,保障实践的内容与考核公平公正。

3. 加强导师交流,实现导学互助,加强学院监督

导师是研究生的第一责任人,导师指导在研究生的培养中起到重要作

用，导师的专业水平以及思想道德水平是研究生培养质量的关键基础。导师的考核是监督导师指导环节的重要途径，主要包括导师立德树人的考核以及导师资格的考核。定期每学年开展一次考核，用于保障导师的指导质量，严格监督导师在专业知识方面的水平、指导学生的频率、指导态度以及责任心；通过每年度的考核，进一步提升导师的指导质量，保障研究生的培养质量。

4. 加强顶层设计，强化院校支持，加强集体监督

民航高校需意识到研究生培养的重要性以及关键性，加强院校顶层设计，从思想上与行动上重视研究生教育，加强院校硬件设施与软件平台的建设，加大资金投入力度，建立科研实验平台，强化行业引领，提供专业实践机会，关注学生身心发展以及职业规划，定期开展问卷调查，实时监督了解不同类型研究生的发展需求，完善研究生培养的相关制度建设，保障研究生培养的体系建设，从而为提升民航高校研究生的培养质量奠定坚实的基础。

民航高校研究生培养路径的
国际比较与借鉴

10.1　国外民航高校概览

国外民航教育起步较早，发展较快，这得益于其深厚的航空工业基础与不断创新的教育理念。从早期的飞行技术培训到如今涵盖航空管理、飞行器设计、航空安全、空中交通管理等多个领域的综合性教育体系，国外民航高校在培养具有国际视野和专业技能的航空人才方面取得了显著成就。这些高校不仅拥有世界一流的师资力量和先进的教学设施，还与国际航空组织、航空公司及研究机构保持着密切的合作关系，确保教学内容与行业标准紧密对接，使毕业生能够迅速适应并引领全球航空业的发展潮流。

10.1.1　美国民航高校概览

美国作为航空强国，航空业繁荣发达，这与美国的航空教育息息相关，因为民航教育始终是民航业飞速发展的基础与支撑。美国的航空教育体系不仅历史悠久、底蕴深厚，而且与时俱进、不断创新，紧密跟随航空科技的最新进展和行业需求的变化，经过近百年的发展，已经形成了较完备的教育体系与完善的管理体系。据统计，美国获得 FAA 认证的航校和机构共有 577 所[48]。

安柏瑞德航空航天大学（Embry-Riddle Aeronautical University，ERAU）是一所全球知名的私立大学，专注于航空航天领域的教育与研究，创立于1925 年 12 月 17 日，是全球范围内历史悠久且享有盛誉的航空航天教育机构。其办学初衷在于为航空行业培养专业人才，并随着时间的推移逐步发展成为全球顶尖的航空航天大学。其研究生教育致力于培养具备高度专业素养、创新思维和国际视野的航空航天领域高级人才，培养目标是通过严谨的学术训练、前沿的科研实践以及广泛的国际合作，使学生掌握扎实的理论基础、先进的技术方法和解决实际问题的能力，未来能在航空航天及相关领域发挥领导作用，推动科技进步和产业发展。培养层次多样，主要有学士、硕士和博士的培养，硕士点主要有航空科学、航空航天工程、MBA（航空工业方向）、工程物理学、安全学等多学科多领域。具备学科专业全面、国际化程度高、实践性强等特点，不仅涵盖了航空航天领域的核心技术和管理知识，还注重培养学生的实践能力和创新思维，为他们在未来的职业生涯中取得成功奠定坚实的基础。学校注重课程学习与科研实践相结合，学生需要完成一定的课程学习，掌握必要的基础知识和方法同时，还需要参与科研项目实践，锻炼科研能力和创新思维。ERAU 实行导师制培养模式，每位学生都有一名导师进行指导，鼓励学生参与国际交流与合作项目，拓宽国际视野和跨文化交流能力，学校与多个国际航空组织和高校建立了合作关系，为学生提供了丰富的国际学习和实践机会。ERAU 对研究生教育实施严格的质量控制措施，学校建立了完善的教学质量监控体系和学生评价机制，对教学过程和结果进行定期评估及反馈。ERAU 注重为学生提供全方位的服务和支持，学校设有专门的研究生管理部门和学生服务中心，为学生提供学习、生活、就业等方面的咨询和帮助。ERAU 高度重视学术诚信建设，倡导诚实守信的学术风气，学校建立了完善的学术诚信制度和违规处理机制，对违反学术诚信的行为进行严肃处理。

北达科他大学（University of North Dakota-Grand Forks，UND），创办于 1883 年，位于北达科他州和明尼苏达州的交界处格蓝福克（Grand Forks），历史久远，为北达科他州内最好的公立大学。校园占地宽广，拥有 200 多栋以上的校园建筑物，以供专业教学及研究之用。北达科他大学航空航天科学学院以提供最高标准的专业飞行课程而闻名。学校的培养目标：培养具有卓越航空技能的毕业生，争取国家和国际卓越，灌输对航空的热情，激励学生终身学习，促进技术的坚实基础，并提供必要的技能和文化，以促进航空航天业的安全。北达科他大学最好的学科是航空飞行（拥有全世界最大的民用航空训练机群），培养层次多样化，涵盖学士、硕士和博士，拥有多个硕士点。这些硕士点涵盖了多个学科领域，包括航空航天科学、工程学、计算机科学、商业与管理等。

普渡大学（Purdue University）成立于 1869 年，由创始人约翰·普渡（John Purdue）捐赠了土地和经费，用于发展一所专注于航空科学和技术的大学。在航空航天领域，普渡大学被称为"美国航空航天之母"，是美国第一所拥有自己飞机场的大学。普渡大学有七种本科航空学位，其中就包括航空航天财务分析、航空管理和专业飞行等。普渡大学的航空宇航系的科研方向主要集中在空气动力学、飞行器设计、动力及控制系统、结构和材料等领域，这些方向都是民航研究生教育的重要组成部分。普渡大学注重学科交叉研究生培养，通过跨学科的研究项目和课程，培养具备综合学科实力的拔尖创新人才，课程主要侧重技术和科学领域的学习。除了在课堂上完成学习外，学生还可以通过模拟学习实际应用技能。

10.1.2　法国民航高校概览

从最早期的航空探索者到现代航空业的崛起，法国在民航领域不断研究，取得了显著成就。20 世纪初，随着航空技术的初步成熟，法国开始组建国家级的航空机构并推动航空运输业的发展。1933 年，法国航空（Air France）的成立标志着法国民航进入了一个新的阶段。此后，法国航空业经历了快速发展，法国航空成为世界上最具影响力的航空公司之一。同时，法国在航空制造业方面也取得了卓越成就，空中客车（Airbus）等企业的崛起进一步巩固了法国在全球航空市场的地位。法国航空业的迅猛发展，离不开法国完善成熟的研究生教育体系。

法国国立民航大学（Ecole Nationale de l'Aviation Civile,ENAC）是法国最负盛名的航空类大学之一，1949 年始建于法国巴黎，1968 年迁至法国图卢兹，直属于法国民航局（DGAC）。法国国立民航大学（ENAC）是欧洲最重要的精英院校和航空大学，其培养对象涵盖大学一年级（Bac+1）到博士（Bac+8）各层次，涉及 30 多个学科领域，培养几乎所有涉及航空及空运领域专业的学生。培养的高水平专业人员大多为设计和改进航空系统、空运系统、航线飞行员、空中交通管制员和航空技术人员。它是法国最优秀的工程师培养学校之一，设立了一套运用最新教育和技术成果的工程师专业课程。它还颁授兼具理论能力与实践能力的工程硕士文凭和应用专业文凭，致力于培养具有国际视野、创新思维和高度专业素养的航空运输与航空安全领域的高级管理人才和科研专家。注重在教学中嵌入最新科研内容，从而保障了其整体教学的杰出性和前瞻性。学校的科研实验室致力于创新研究，与全球航空领域的重要企业及机构开展紧密的合作关系。通过与企业界的合作，学校能够为学生提供各种类型的培训机会和职业实践，并携手企业界开展科研创新合作项目。这些合作不仅促进了学校的科研发展，还为学生提供了更多接触行业前沿的机会。学校不仅注重理论知识的传授，还强调实践技能的培养。通过先进的教学设施和仿真实验室，如多架飞机、直升机及各类航空模拟器，学生可以在这里进行飞行和航空器操控的实践训练。此外，学校还注重理论与实践相结合的教学模式，组织学生参与各类航空业务实践，如机场运营、航空管制等，以提升学生的综合能力。学校与众多海外航空院校建立了密切的合作关系，为学生提供了丰富的国际视野和交流机会。每年接纳来自世界各地的留学生，其数量占到本校全部学生人数的 50% 以上，这充分体现了学校在国际民航教育领域的吸引力和影响力。

法国国立高等航空航天学院（Institut Supérieur de l'Aéronautique et de l'Espace，ISAE），其历史可以追溯到 1909 年。当时一位名叫罗什的工程部官员在巴黎建立了世界上第一所航空工程类的院校——航空学与机械建造高等学院，这是 ISAE 的雏形。随着时间的推移，该学院经历了多次更名和迁址，最终于 1972 年定名为法国国立高等航空航天学校。2007 年，ISAE 与法国国立高等航空工程学校（ENSICA）合并，成立了新的 ISAE 学校，直属于法国国防部。ISAE 在航空、航天及相关科学领域拥有广泛的学科设置，旨在为航空航天工业及高科技行业培养卓越工程师和高级管理人才。学院开设了多个专业，包括但不限于航空工程师、航天技术、航空器推进系统、航空维修、直升机工程师、航空安全等。这些专业涵盖了从基础理论到应用技术的各个方面，为学生提供了全面的知识和技能培养。ISAE 的研究生培养目标致力于培养在航空、航天及相关科学领域内具备深厚专业知识、卓越研究能力和创新思维的高级工程技术人才及科研专家。培养模式注重理论与实践相结合，旨在培养具有国际视野和创新能力的复合型人才。学院为学生提供了丰富的课程资源和实验设施，支持学生开展独立研究和实践项目。同时，ISAE 还鼓励学生参与国际交流和合作，通过海外学习、实习和科研合作等方式拓宽视野、提升能力。ISAE 注重科学研究，教学与科研并行，且多鼓励学生积极参与科学研究活动，以此来检验学院的教学成果，并推动学院教育体制的发展。ISAE 与多家国际知名企业和研究机构建立了合作关系，共同开展前沿科研项目，为航空航天领域的技术进步作出了重要贡献。重视国际交流，与全球多个国家和地区的知名高校、研究机构建立了合作关系。学院每年接收一定数量的外国留学生，全力提升自身的全球知名度与国际竞争力。

10.1.3 其他民航高校概览

莫斯科国立民用航空技术大学（Московский Авиационный Институт，МАИ）成立于 1971 年，最初名为莫斯科民用航空工程学院。该校的前身可以追溯到 1949 年成立的基辅民航工程师学会，这为学校奠定了坚实的航空工程教育基础，在俄罗斯民用航空专家培养方面处于领先地位。办学层次涵盖本科、硕士、博士教育，共设有四个系，分别是机械系、航空系统系、社会交通管理系以及应用数学和计算科学系，主要专业是飞机维修、电气系统和飞行控制与导航等，拥有四个国家级科学研究实验室，以及齐全的航空无线电电子设备和各型号飞机 60 余架。学校还主导研制了全球空中交通管制卫星导航系统——格洛纳斯（GLONASS），研究生培养模式注重理论与实践相结合，旨在培养具有扎实理论基础和较强实践能力的高级专门人才。学校通过开设高水平的研究生课程、组织科研项目、提供实验平台等方式，为学生创造了良好的学习和研究环境。同时，学校还鼓励学生参与国际交流与合作，以拓宽视野、提升综合素质，与多所国际知名大学和研究机构建立了合作关系，积极参与国际学术会议和合作项目，为学生和教师提供了广阔的交流平台。此外，学校还吸引了大量国际学生前来就读。

乌克兰国立航空大学（National Aviation University，NAU）成立于 1933 年，其前身是基辅国际民航大学，2000 年改名为国立航空大学。作为乌克兰最好乃至世界级的航空类大学，在世界航空类院校中位列前三。乌克兰国立航空大学在 80 多年的历史中，培养了 7 万多名航空方面的专家，其中包括来自 122 个国家的 1 万多名专家。根据国际民航组织（ICAO）的授权，学校被指定为欧洲航空安全专家培训中心。2001 年学校被确定为美国波音公司专业人才培养基地。乌克兰国立航空大学是世界上最强大的航空相关高等教育机构之一，在乌克兰和全球教育市场上的主要竞争优势是其航空部门。该大学培训未来的飞行员、无人驾驶飞机操作员、航空设备和飞机发动机的地勤人员、空中交通管制员和工程师、机载设备和航空电子专家、无线电电子专家、现代机场的设计师、机场、航空和物流专家。学校提供全面的教育层次，包括学士、硕士、博士和博士后四个培养层次。乌克兰国立航空大学的专业设置齐全，涵盖了航空航天领域的多个方面。学校建有多个学院和研究所，包括航空和航天学院、信息安全学院、土地管理和信息技术研究所、国际关系学院等。乌克兰国立航空大学的研究生培养模式是一种综合性和实践导向的教育体系，旨在培养具有深厚理论基础、创新思维和实践能力的高层次人才，注重理论与实践相结合，鼓励学生参与科研项目和实践活动，通过实际操作和实验验证所学知识。同时还注重国际交流与合作，学校与多个国家和地区的航空院校、研究机构建立了合作关系，开展了广泛的学术交流和合作项目。

10.2　国外民航高校研究生培养的特点

10.2.1　国外民航高校研究生培养的目标

国外研究教育起步较早，经过不断地探索与发展，目前已具备完善的研究生教育体系，培养模式、培养目标多元化、灵活化。与国内研究生教育相比，国外研究生教育除注重学术研究和创新能力培养外，更重视将理论知识应用于实际问题解决中，培养学生的实践能力和应用能力；强调跨学科的学习，注重培养综合视野和跨文化交流能力；注重培养学生的职业技能和市场竞争力，使其毕业后能够迅速适应职场环境。

20世纪中期，随着航空技术的不断发展和航空工业的日益成熟，对高层次航空人才的需求也日益增加，一些国家开始在大学中设立研究生教育项目，以培养具有更高学术水平和研究能力的航空专业人才。国外民航高校研究生教育的培养目标通常具有多元化和前瞻性的特点，旨在培养适应全球航空业发展需求的高素质、复合型专业人才。通常可以概括为以下几方面：

专业知识与业务技能方面。研究生需掌握国际航空领域的最新理论、技术和方法，包括航空工程技术、航空运输管理、航空法规与安全管理体系等，在专业知识上强调前沿性、扎实性、贴合性。并强调将所掌握的专业理论知识应用于解决实际问题的能力上，如设计、开发航空产品和系统、进行航空运输市场的分析和预测等。

创新思维与实践能力方面。国外民航研究生教育着重强调创新思维的培养，在研究生的培养环节中，鼓励研究生在科研和实践中培养创新思维，能够提出新颖的观点和解决方案，通过项目制管理、实习实训等方式，提升研究生的动手能力和实践经验。

国际视野与跨文化交流能力。国外民航研究生教育注重国际交流，始终秉持开放办学的理念，培养研究生具备全球视野，了解国际航空业的发展趋势和竞争格局，为参与国际航空领域的合作与交流做好准备，注重培养研究生文化沟通技巧，以及商务谈判能力，能够与不同文化背景的人进行有效沟通和合作。

社会责任感。注重培养研究生的社会担当、使命感与责任感，注重培养研究生的可持续发展理念，关注民航业对环境和社会的影响，推动绿色航空的发展，在职业发展中强调应承担的社会责任，包括维护航空安全、促进航空产业健康发展等。

10.2.2　国外民航高校研究生学科专业的特点

国外民航高校学科专业设置特色鲜明，凸显优势，且具有特定的服务对象，一般均是围绕航空业的发展展开的。

学科设置较为宽泛。国外民航研究生教育的学科覆盖面广，设置多元化，不局限于某一具体领域或方向，而是追求大类培养，太过细致的划分会使研究生在知识学习以及能力培养方面受限，且在最终的就业选择中不具备特性。这种宽口径的学科设置有助于培养学生的综合素质和跨学科能力，以增加知识面，将不同学科的知识和方法相互融合，应对复杂多变的航空航天问题。

学科特色鲜明。国外民航高校的学科设置多是围绕民航业的发展展开的，紧紧围绕民航业的需求，但又结合本校的办学特色。安柏瑞德航空航天大学的学科设置较为宽泛，涵盖了从基础理论到实践应用的多个层面，且注重跨学科融合，其特色学科有航空宇航专业、飞行管理等，均凸显本校特色；法国国立民航大学的特色学科紧密围绕民用航空的实际需求，注重与行业发展的紧密结合，如飞行器适航、空中交通管理等；莫斯科国立民用航空技术大学的特色学科与俄罗斯的航空工业发展紧密相连，注重实践应用和创新能力的培养，如航空系统、飞行控制与导航，学科特色鲜明。

优势学科突出。国外民航高校学科建设注重优势学科培育，将资源集中倾注于具有前瞻性和竞争力的优势学科上，历经数十载乃至百年的积累与沉淀，逐渐在民航领域的各个细分方向上铸就了独特的学科高峰。从航空器设计与制造、航空发动机技术、空中交通管理到航空安全管理、民航经济管理等，不同高校依据自身历史底蕴、地理位置及资源禀赋，发展出了各具特色的优势学科群，在优势学科的带领下，不断发展新兴学科，形成良好的学科生态群，使高校的学科建设始终处于高水平、高质量发展态势。

10.2.3　国外民航高校研究生培养模式

民外民航高校研究生的培养模式不同于国内，更加灵活多变，给予学生更大的自主选择权，以更好地适应民航业的多元化需求和个人职业规划。

国外民航高校普遍采用学分制管理研究生学习，学生需要修满一定数量的学分才能毕业。如普渡大学航空宇航系的 MS 学制要求学生至少完成30学分的课程。这些学分分布在不同学期，每个学期的课程量通常为 9~15学分。这与国内高校相似，但国外的学分制较为灵活，学生可以根据自己的学习进度和兴趣选择课程，同时也可以通过修读额外的课程或参与科研项目来获得更多学分。而国内研究生课程安排相对固定，学生需要在规定的时间内完成所有课程的学习，并达到一定的学分要求。

国外民航高校在研究生培养中将类型划分得比较明确，学术研究型高校注重培养学生的科研能力和创新思维，鼓励学生参与科研项目，发表学术论文，而工程实践类学生培养则强调将理论知识与工程实践相结合，培养学生的实际操作能力和问题解决能力，注重与航空企业的合作，为学生提供实习和就业机会，使学生在实践中掌握技能和知识。通常在校内设有丰富的实验和实训课程，如飞行仿真、空中领航等专项实验课程，以提升学生的实际操作能力和问题解决能力。国内高校也注重实践环节，但可能相对侧重校内实验和课程设计等教学活动。

国外民航高校研究生教育普遍推崇并深入实践项目制培养模式。这一模式的核心在于将理论学习与实践应用紧密结合，为学生搭建起从书本知识到行业实践的桥梁。高校积极鼓励学生投身于科研项目和实际工程项目之中，不仅为学生提供宝贵的实践机会，更着力于培养他们的科研探索精神和解决实际问题的能力。这些项目往往由行业专家与高校教授共同设计，确保内容紧贴民航领域的最新发展动态和实际需求。学生在参与项目的过程中，能够接触到最前沿的技术挑战和行业问题，通过团队合作、数据分析、方案设计等环节，将所学知识应用于解决实际问题。这种高度实用性和创新性的项目经历，极大地丰富了学生的专业经验，提升了他们的专业素养，同时也为他们未来的职业生涯奠定了坚实的基础。另外，项目制教学模式还鼓励学生跨学科合作，打破学科壁垒，促进不同领域知识的融合与创新，能够拓宽视野、增强综合思维能力，从而更好地适应民航业对复合型人才的需求。

10.2.4　国外民航高校研究生管理的特点

国外民航高校在研究生管理方面普遍遵循自由民主、灵活多样的管理模式，注重学术自由和学生自治。

在很多国家，特别是高等教育体系较为发达的国家，高校享有较高的自治权，民航高校也不例外，针对研究生教育的课程设置、学位授予、教学质量监督等方面均由学校自己管理。高校根据自身的教学目标和行业需求，自主设计研究生培养方案，并负责具体实施。另外，研究生教育的管理往往还涉及学术委员会或类似机构。这些机构由学校内部的专家学者组成，负责审议和决定研究生教育的重大事项，如课程设置、学位论文评审等。学术委员会的存在一定程度上保证了研究生教育的学术性和公正性。

国外民航高校内部，学生享有高度的自治权，会参与到学校的研究生管理相关工作中去。通常会设立学生组织或学生会等机构，这些组织由学生自主管理，代表学生利益参与学校管理和决策过程。学生自治组织有时会参与到研究生课程与培养方案的制定过程中。通过收集学生的意见和建议，学生组织可以向学校反馈学生对课程设置、教学内容、教学方法等方面的需求，从而推动学校不断优化研究生教育方案；在学术研究与交流活动中也发挥着重要作用。它们可以组织学术讲座、研讨会、论文发表会等活动，为研究生提供展示自己研究成果和交流学术思想的平台。同时，这些活动也有助于促进学术氛围的营造和学术水平的提高；还会关注研究生的实习与就业问题。它们可以与校内外企业建立联系，为研究生提供实习机会和就业信息。同时，学生组织还可以组织就业指导讲座、职业规划培训等活动，帮助研究生更好地规划自己的职业生涯。

国外民航高校在研究生管理方面注重学术自由和学生自治，不仅能够推动科学进步和文化繁荣，激发研究生的创新精神和创造力，提升研究生培养质量；还能够促进学生主体地位的实现，培养学生的领导力和组织能力，增强学校的凝聚力和向心力，提升研究生管理效率。

10.3 对我国民航高校研究生培养的启示

10.3.1 坚定办学定位，明确培养目标

办学定位为研究生教育发展锚定清晰的战略方向，指引资源配置、学科建设与人才培养的整体走向。培养目标则构成研究生培育体系的基石，决定课程设置、教学模式以及实践安排 ，两者相辅相成，共同推动研究生教育的高质量前行。目前，国内民航高校研究生培养较为突出的问题即培养定位不清晰、培养目标不明确、培养目标与行业需求不匹配，培养目标与培养类型不匹配等。在提升研究生培养质量上，首先需要做的就是明确培养目标。确立培养目标的基础是坚定学校的办学定位。

民航高校是为特定行业——民航业提供人才培养的渠道，因此，学校的办学定位应着眼于行业发展需求，深入行业相关单位，了解人才需求，开展市场调研，加强企业合作，深入了解民航业对人才的需求结构、能力要求和职业发展趋势，为培养目标的制定提供科学依据。研究生培养类型多样，基于分类培养的理念，并结合学校的办学定位和行业需求，制定出不同类型的研究生培养目标，明确学生在知识、能力、素质等方面的具体要求。针对学术型硕士研究生，应加强科研创新能力的培养，致力于行业的前沿技术开发以及高精尖的专业问题的研究与探索，重在学术水平的提升，并对接更高层次的研究生教育，就业于科研院所或相关高校。而针对专业型硕士研究生，侧重于实践创新能力的培养，注重与企业合作、实践实习等环节的培养，致力于符合行业标准和岗位要求的专业人才的培养。明确不同的教学目标，进行教育教学资源配置，师资队伍建设，以及实践基地和科研平台的建设。依据不同的培养目标，制定不同的培养方案，不断优化课程体系、教学内容和教学方法，提升教学质量和效果，建立科学的人才培养质量评估体系，对学生的学习成果进行客观、全面的评价，保障人才培养质量。

明确培养目标有助于学生明确自己的学习方向和职业规划,激发学生的学习动力和积极性;明确培养目标有助于学校形成独特的办学特色和优势,提升在民航业乃至整个高等教育领域的知名度和影响力,吸引更多的优质生源和教学资源,推动学校的可持续发展;明确培养目标有助于国内民航高校与国际知名航空院校和企业建立更紧密的合作关系,开展学术交流、人才培养和科研合作等活动,提升学校的国际化水平和国际影响力,为培养具有国际视野和竞争力的高素质民航人才提供有力支持。目前,研究生培养类型分为专业学位与学术学位,首先明确学术学位研究生的目标定位为"笃学",强调坚持真理、深入探索与科技创新;而专业学位研究生的目标则定位为"务本",注重强化实践、服务需求及应用创新。

10.3.2 完善学科布局,强化社会服务

民航高校的发展宗旨是立足民航,服务国家与社会的经济发展。国内的民航高校在学科建设中始终存在主干学科优势突出,其他学科较为薄弱,学科交叉融合不够,新兴学科更为缺乏等问题。学科是学校发展的基石,是人才培养、科学研究和社会服务的基础,更是学校高质量发展的支柱。民航高校应紧密围绕国家民航业发展战略和行业需求,优化学科结构,明确学科调整布局思路。

打造特色学科,发展优势学科,巩固基础学科,建设高峰学科。民航高校作为行业高校,最为鲜明的特点就是特色突出,因此,应紧密围绕民航业的实际需求和发展趋势,确保学科建设与行业需求高度契合,加强与企业的紧密合作,建立实践教学基地与科研创新平台,通过实践与科研创新,进一步突出行业特色。对学校的学科发展进行深入分析与评估,明确本校的优势学科,在资源配置、科研项目、人才引进等方面给予优势学科更多的支持和倾斜,确保其能够快速发展和壮大,鼓励优势学科与其他学科的交叉融合,形成新的学科增长点和研究方向,积极参与国内外学术交

流与合作，提升学科在学术界和产业界的影响力及竞争力，通过发表高水平论文、承担重大科研项目、获得重要奖项等方式，展示学科实力和成果。优势学科既可以带动特色学科的发展，又可以体现本校的学科水平，为打造高峰学科储备力量。基础学科是特色学科与优势学科的支撑，应加强对基础学科的教学和研究投入，确保其教学质量和科研水平不断提升。以建设"高峰"学科为抓手、辐射带动其他学科发展、打造特色鲜明的优势学科群、瞄准科技前沿、行业需求和区域经济发展动向、优化学科布局、寻找学科交叉融合的新增长点，通过"内培""外引"相结合，加强学科队伍建设[10]。

依据行业需求，优化学科布局，对标行业发展，提升研究生的培养质量，促进校企合作，利用学校的科研力量和智力资源，为民航业提供决策咨询、技术支持等智力支持。同时，积极分享学校的科研成果，推动科研成果的转化和应用，反哺行业发展。

10.3.3　优化培养模式，深化教育改革

育人为本，德育为先。党的十八大以来，国家出台多项教育政策和举措，指向广泛而全面，共同点都是突出"立德树人"。2020 年 7 月，习近平总书记关于研究生教育工作做出了重要指示。孙春兰在全国研究生教育会议中指出，要全面贯彻党的教育方针，落实立德树人根本任务，准确把握研究生教育定位。研究生教育不仅是知识能力的提升，更重要的是道德水平、职业素养的培养，作为民航高校，思想道德水平的培养至关重要，敬畏生命，敬畏规章，敬畏职责，思想端正，作风良好，是一切工作开展的基础。因此，以研究生培养改革为抓手，思想道德培养为主线，贯穿于研究生培养的各个环节，实现"立德树人"的总目标，践行全方位、全过程、全员育人的教育新格局。实现教学育人、导学育人、管理育人等多方位培养目标,通过建立课程思政教学体系,实现一体两翼的思政教学建设;

加强导师育人管理，完善立德树人考核机制建设，实现导学育人目标；完善研究生教育管理机构，强化辅导员育人责任，实现管理育人。

民航高校作为行业特色院校，对于专业水平以及专业背景的要求较强，民航高校本科期间的专业课学习，同样也为研究生的培养打下了坚实的基础。因此，民航本科生源也是在研究生优质生源的一部分，在进行研究生教育改革的过程中，优质生源的挖掘与培养依然是较为重要的一部分。可探索推行本研一体化培养模式，在本科期间深入研究生的相关教学与研究，无论在课程学习还是实践研究方面，均融入研究生的培养理念，通过学分互认、参与项目研究等形式，进行本研一体化培养，对于没有民航专业背景的研究生，设置补修课程，包括专业基础方面以及职业素养方面，加强民航相关内容的学习与灌输，增强学生的归属感，激发研究生的学习兴趣。

民航高校研究生培养存在专硕培养学术化问题，在培养类型上是完全不同的，而在培养模式上是基本一致的。因此，在进行全面深化改革的过程中，需基于分类培养的理念，从培养目标制定到培养环节的规划，均以分类培养为核心，推行多元化培养模式改革，以立德树人为核心贯穿于研究生教育全过程：按需调整并优化民航高校的学科专业布局，形成以交通运输工程一级学科为主体，多学科协同支撑民航发展的良好学科生态；基于不同类型的硕士培养目标，打造差异化的课程体系，制定多元化的优质课程评价指标；依托民航高校的生产企业，凸显实践教学优势，大力开展专业实践以及科研实践；灵活制定学术成果要求，依据培养类型及学科专业类型，明确成果要求不局限于论文，且专业硕士要在一定程度弱化论文占比，更加注重专利及获奖。整个教育环节过程中注重持续加强创新性、多元化及国际化目标的渗透，鼓励全体研究生积极参加学科竞赛以及学术交流，加大科教融汇与产教融合的力度，确保培养过程既源自行业需求，又反哺行业发展，全力服务交通强国战略目标。

10.3.4　加强创新实践，强化交流合作

国外民航高校均重视实践创新能力的培养，培养模式多元化，多以项目制等形式开展。国内高校研究生教育培养模式比较固化，虽有探索，但仍处于不成熟阶段。

深化产学研深度合作。通过与民航相关单位建立紧密合作，将研究生培养深度融合于企业的发展中，鼓励相关企业深度参与研究生培养各个环节，邀请企业方团队与高校团队共同制定培养目标，明确培养定位，确保培养出的研究生能够直接满足企业的用人需求。与企业合作共建实训基地，为研究生提供真实的工作环境和实践机会，增强其实践能力和职业素养。与企业合作设立联合研究中心或实验室，共同开展科研项目和技术研发，推动科研成果的转化和应用。与企业共同制定培养方案，增加校企联合课程，鼓励企业讲师到研究生课堂分享企业相关知识，使研究生在学习过程中能够接触到企业的实际问题和解决方案，优化研究生课程体系建设，增加实践操作课程、学科前沿课程等，加强监督检查，落实研究生实践教学环节；建立健全校外导师管理制度，加强企业方导师管理，共同指导研究生。定期举办教师与企业专家的交流会或研讨会，促进校企双方在教学、科研等方面的交流与合作。安排研究生到企业实习实训，参与企业的实际项目和工作任务，提高其实践能力和解决问题的能力。鼓励研究生积极参与到与企业合作开展的科研项目和技术研发项目中，鼓励研究生结合企业实际问题选择毕业论文选题和撰写工作，由校企双方导师共同指导完成。

开展项目制培养。项目制培养是目前研究生培养的一个新的模式，重点在于培养研究生的实践创新能力，以实现学业学习与工作岗位的完美对接。以企业的研究项目为抓手，进而开始研究生的培养。在培养过程中，由于最开始的目标是解决企业发展中的问题，所以，整个培养环节需紧密联系企业，从课程的设置到学位论文的撰写，均由企业方与校方共同指导，

以企业需求为导向，项目研究为抓手，以实现研究生实践创新能力的培养。

民航业作为技术密集型领域，对人才的创新能力和实践能力要求极高。加强创新实践教育，可以使学生更好地将理论知识应用于实际问题解决中，从而培养其创新思维和解决问题的能力。同时，创新实践也是推动科研成果转化的重要途径。通过加强与企业、科研机构的合作，民航高校可以与企业、科研机构共同开展科研项目，加速科技成果的转化和应用，为行业和社会发展提供有力支撑，也为高校带来一定的经济效益，增强学校的自我发展能力。

10.3.5　坚持开放办学，提升国际影响力

民航高校研究生教育作为民航业高层次人才培养的主渠道，如何提升其国际影响力，在国际民航业的发展中具有话语权，是目前民航高校研究生教育面临的一大挑战。培养具有国际视野、跨文化交流能力和全球竞争力的高端人才已成为民航高校的重要使命。开放办学，能够引入国际先进的教育理念、课程体系和教学方法，促进学术交流与合作，拓宽研究生的国际视野和知识面，从而提升其在全球航空领域的竞争力和影响力，为民航事业的国际化发展贡献力量。

坚持送出去与引进来相结合。一方面，积极寻求与国际知名航空高校、科研机构及企业的合作机会，共同开展联合培养项目、科研合作、学术交流等活动。这些合作项目可以为学生提供海外学习、实习和科研的机会，促进学术成果的国际交流。另一方面，学校应提供专项资金，用于研究生的海外学习，鼓励研究生走出去，拓宽视野。扩大国际学生的招生规模，紧抓机遇，在国家"一带一路"倡议背景下，增加与相关国家的教育合作，开展合作办学，提升国际化影响力。通过项目合作或者联合培养的形式，吸引优秀国际学生来校学习，提高学校的知名度与影响力。鼓励和支持教师参与国际学术会议、访问学者项目等，提升教师的国际视野和学

术水平。同时，邀请国际知名学者来校讲学、合作研究，促进学术思想的碰撞与融合。

扩大研究生国际化视野，增加外籍教师的比例。结合学校实际情况和学科特点，制定符合自身发展的国际化战略和规划，明确国际化发展的目标和路径。根据民航业的学科发展趋势和国际化标准建设，引进和开设国际先进课程，紧扣行业前沿，如航空器设计、航空运输管理、航空气象等，提升课程体系的国际化水平。在部分课程中采用双语或全英文授课，提高学生的英语水平和国际交流能力。同时，鼓励教师使用国际通用的教材和教学资源，确保教学内容的前沿性和国际化。借助"一带一路"倡议的合作平台，引进具有国际视野和国际化背景的外籍教师与专业学者，增加学校的国际化程度。

11 研究与展望

11.1 研究结论

本研究对于民航高校的研究生培养进行了全面的分析，基于理论研究进行了更加深入的探索，全面分析当今民航高校的研究生培养现状以及研究生教育面临的机遇与挑战，在深入探索民航高校研究生培养路径的过程中，基于研究生培养的各个环节，从多个维度出发，研究分析了民航高校研究生培养的路径，并结合国内外民航高校研究生教育的特点与经验，总结了我国民航高校研究生教育的改进措施。

11.1.1 明确培养目标，强化行业适配性

本研究明确指出，民航高校研究生培养的首要任务是明确培养目标，以行业需求为导向，主动适应经济社会与民航业发展需求，扎根中国大地，矢志民航教育，培养具备扎实的专业知识、实践能力和创新精神的国际化高素质民航建设人才，这一目标必须紧密围绕民航业的发展需求，确保学生在校期间能够掌握扎实的理论基础和熟练的应用能力，同时具备较强的行业适应性和前瞻性。强化与行业、企业的合作与交流，实现人才培养与社会需求的无缝对接。

11.1.2　优化课程体系，提升教学质量

课程体系是研究生培养的核心。本研究发现，当前民航高校研究生课程设置虽然较为全面，但仍存在滞后性。具体而言，应增加与民航相关的前沿课程，紧跟社会发展动态，了解全球民航发展形势，增加专业课程、校企课程以及实践课程，提升课程的实用性和针对性；同时，加强跨学科课程的建设，培养学生的综合能力和创新思维。此外，还应注重教学方法的改革与创新，采用案例教学、项目驱动等多元化教学模式，激发学生的学习兴趣和主动性。

11.1.3　强化师资队伍建设，保障培养质量提升

师资队伍建设是研究生培养质量保障的基础，民航高校应致力于构建一支结构合理、素质优良、与行业紧密对接的教师队伍。引进具有丰富行业经验和深厚学术造诣的专家学者，加强双师型教师队伍建设；同时加强现有教师的在职培训和国际交流，不断提升其教学科研能力和行业认知度。此外，建立健全教师激励机制，鼓励教师参与行业实践、科研创新和社会服务，促进理论与实践相结合，从而有效保障并持续提升民航专业人才的培养质量。

11.1.4　加强产教融合，强化应用创新能力培养

产教融合是研究生应用创新能力培养的有力抓手。本研究强调，民航高校应充分利用校内外的实践基地，如飞行模拟中心、航空发动机维修中心等，为学生提供丰富的校内实践机会。模拟真实的工作环境，让学生在实践中发现问题、解决问题，从而提升其实际操作能力和应对复杂情况的能力。此外，学校还应积极推进校企合作培养模式，让学生在企业实习中深入了解行业现状和发展趋势，为未来的职业生涯打下坚实的基础。

11.1.5 强化科教融汇，提升科研创新水平

科研创新能力是研究生教育的重要目标之一。本研究认为，民航高校应注重培养学生的创新意识和科研能力。设立研究生专项基金、举办科研竞赛等，激发学生的科研兴趣和潜能；同时，加强科研团队建设，为研究生提供良好的科研环境和条件。在科研过程中，鼓励学生独立思考、勇于创新，积极探索新的研究方法和应用领域，为民航业的创新发展贡献力量。

11.1.6 完善质量评价体系，促进全面发展

研究生教育质量评价体系是研究生培养的重要保障。本研究建议，民航高校应建立多元化、全方位的评价体系，站在分类培养的教育理念基础上，既注重学生的学术成果和科研能力，又关注学生的综合素质和职业素养。通过量化指标和定性评价相结合的方式，全面评估学生的成长和发展情况。同时保障结果评价与过程性评价同步展开，加强对学生日常管理和作风纪律的考核，确保学生在校期间能够养成良好的学习和生活习惯，为未来的职业生涯奠定坚实的基础。

综上所述，本研究得出结论，明确培养目标、优化课程体系、强化师资队伍建设、加强产教融合、强化科教融汇和完善评价体系等措施，可以有效提升民航高校研究生的培养质量，为我国培养更多德才兼备的高素质民航建设人才。

11.2 不足与展望

11.2.1 研究不足

在深入研究"民航高校研究生培养路径探索研究"这一课题的过程中，尽管我们力求全面、系统地分析当前民航高校研究生培养的现状与面临的

机遇和挑战,并提出相应的改进路径,但不可避免地仍存在一些研究不足。以下是对本研究不足之处的反思与总结:

数据收集的限制。本研究在数据收集方面存在一定的局限性。首先,由于资源和时间的限制,加之民航高校的特性,我们所获得的民航高校及其研究生培养情况较少,只能选取部分具有代表性数据作为分析对象。这可能导致研究结果在普适性方面存在一定的不足。其次,数据收集过程中,部分高校可能因保密或其他原因未能提供详尽的信息,这在一定程度上影响了数据的完整性和准确性。

研究方法与工具的局限性。本研究主要采用了文献综述、访谈等方法进行数据收集与分析。尽管这些方法在一定程度上能够反映民航高校研究生培养的现状与问题,但每种方法都有其自身的局限性。例如,访谈则可能因样本量有限而难以全面反映整体情况。此外,本研究在数据分析工具的选择上也可能存在不足,未能充分利用现代数据分析技术深入挖掘数据背后的规律和趋势。

理论框架与模型的构建有待完善。在构建民航高校研究生培养路径的理论框架与模型时,本研究虽然参考了国内外相关研究成果,但受限于研究深度和广度,所构建的理论框架与模型可能还不够完善。一方面,可能未能充分考虑到所有影响研究生培养路径的因素;另一方面,对于各因素之间的相互作用机制也缺乏深入的探讨和分析。这可能导致理论框架与模型在解释和预测研究生培养路径方面存在一定的局限性。

实践应用与验证的缺乏。本研究虽然提出了一系列改进民航高校研究生培养路径的建议和对策,但由于时间和资源的限制,未能充分进行实践应用和验证。这些建议和对策的可行性、有效性尚需在实践中进一步检验和完善。此外,由于民航行业的特殊性和复杂性,不同高校、不同专业之间的研究生培养路径可能存在较大差异,所以本研究的结论、建议在具体应用时还需结合实际情况进行调整和优化。

对未来发展趋势预测的不确定性。随着科技的不断进步和民航业的快速发展，未来民航高校研究生培养路径将面临诸多不确定性因素。本研究在预测未来发展趋势时可能存在一定的局限性。例如，我们可能未能充分考虑到新技术、新政策等因素对研究生培养路径的影响；同时，对于未来行业需求的变化也可能缺乏准确的预测和判断。这可能导致本研究在指导未来研究生培养实践时存在一定的局限性。

综上所述，本研究在样本选择与数据收集、研究方法与工具、理论框架与模型构建、实践应用与验证以及未来发展趋势预测等方面均存在一定的不足。未来，应针对这些不足进行改进和完善，以更全面地揭示民航高校研究生培养路径的规律和特点，为提升研究生培养质量提供有力支持。

11.2.2　研究展望

在完成了对"民航高校研究生培养路径探索"的深入研究后，笔者不仅揭示了当前培养路径的现状、问题与挑战，还提出了一系列改进建议。然而，面对民航业日新月异的发展态势，研究生培养工作仍需不断前行，以适应并引领行业的未来趋势。以下是对该研究领域的展望：

深化学科融合，培养复合型人才。随着民航业的不断发展和技术的快速迭代，对人才的需求也日益多元化和复杂化。未来，民航高校应进一步探索跨学科的人才培养模式，深化跨学科融合，打破传统学科壁垒，构建更加开放、灵活的研究生培养体系。通过跨学科课程设置、联合培养项目等方式，学生在多个领域的知识积累与技能可以得到提升，培养既具备深厚专业知识，又具备广泛视野和跨领域合作能力的复合型人才。

强化实践教学，提升应用能力。实践是检验真理的唯一标准，也是提升研究生应用能力的关键途径。民航高校应进一步加强与企业的合作，建立稳定的校外实践基地，为学生提供更多贴近行业实际的实践机会。通过模拟训练、企业实习、项目合作等多种形式，学生能在实践中深化对理论知识的理解，掌握解决实际问题的能力，为未来的职业生涯打下坚实基础。

推动科研创新，引领行业发展。科研创新是研究生教育的重要使命，也是推动民航业发展的重要动力。民航高校应加大对研究生科研创新的支持力度，提供充足的科研资源和平台，鼓励研究生积极参与科研项目和学术活动。同时，加强与国内外高水平科研机构的合作与交流，引进先进的科研理念和技术方法，提升研究生的科研能力和创新水平。通过科研创新，不断突破行业技术瓶颈，引领行业向更高水平发展。

提升国际视野，培养国际化人才。随着全球化进程的加速，民航业已经成为一个高度国际化的领域。民航高校应关注学生的国际视野培养，通过开设国际课程、组织国际交流项目等方式，让学生了解国际民航业的最新动态和前沿技术。同时，积极与国际知名高校和科研机构建立合作关系，为学生提供更广阔的国际学习和交流平台。培养具有国际视野和跨文化交流能力的研究生，为我国民航业的国际化发展贡献力量。

完善评价体系，促进全面发展。评价体系是研究生培养的重要保障。未来，民航高校应进一步完善研究生评价体系，建立多元化、全方位的评价机制。除了关注学术成果和科研能力，还应重视学生的综合素质和职业素养评价。引入学生自评、互评、教师评价等多种评价方式，全面反映学生的成长和发展情况。同时，加强对学生心理健康、职业生涯规划的关注和指导，促进学生的全面发展。

总之，本研究不仅是对民航高校当前培养路径的审视与反思，更是对未来发展方向的展望与规划。面对民航业的广阔发展前景和无限可能，我们有理由相信，通过不断深化改革、创新实践、加强合作与交流，民航高校研究生培养工作将取得更加显著的成效，为行业培养更多高层次、创新型、复合型人才。

参考文献

[1] 中国民用航空局. 2023 年民航行业发展统计公报[EB/OL].(2024-05-31).https://www.caac.gov.cn/XXGK/XXGK/TJSJ/202405/t20240531_224333.html.

[2] 工业和信息化部，科学技术部，财政部，中国民用航空局. 绿色航空制造业发展纲要（2023—2035 年）[EB/OL]. 工业和信息化部网站，2023-10-10.

[3] 中国民用航空局，国家发展和改革委员会，交通运输部."十四五"民用航空发展规划[EB/OL]. 民航局网站，2024-12-14.

[4] 大学研究院暂行组织规程[N].民报，1934-05-20.

[5] 庞瑶. 新中国早期研究生培养模式与成效研究(1949—1966)[D]. 厦门：厦门大学，2021.

[6] 李涛. 借鉴与发展：中苏教育关系研究 1949—1976[M]. 杭州：浙江教育出版社，2006.

[7] 王小栋，王战军，蔺跟荣. 中国研究生教育 70 年发展历程，路径与成效[J]. 中国高教研究，2019（10）：8.

[8] 王战军，张微. 70 年探索奋斗：中国研究生教育发展规律与启示[J]. 学位与研究生教育，2019（9）：6.

[9] 陈欣，张珍. 我国学位与研究生教育发展 40 余年演进特征分析[J].

沈阳大学学报：社会科学版，2021，23（6）：725-731.

[10] 赵欣，杨团团，李诚龙，等."双一流"建设背景下民航行业特色大学学科建设的分析与思考——以中国民用航空飞行学院为例[J]. 大学与学科，2022（1）：76-85.

[11] 唐喆，张恒，秦康.民航院校科研能力评估与路径分析[J]. 品牌研究，2021，000（14）：289-294.

[12] 魏林红，雷晶晶，曹怀春.民航院校研究生"课程思政"建设内容及实现路径探索[J]. 中国民航飞行学院学报，2019，30（6）：5.

[13] 赵继伟."课程思政"：涵义、理念，问题与对策[J]. 湖北经济学院学报，2019（2）：6.

[14] 雷晶晶，魏林红.基于 SWOT 分析的行业院校研究生课程思政建设路径探索[J]. 中国民航飞行学院学报，2023，34（3）：29-32.

[15] 专业学位研究生核心课程指南（一）（试行）[M]. 北京：高等教育出版社，2020.

[16] 银德辉.论地方高校教师队伍的建设[J]. 赤峰学院学报：自然科学版，2008（2）：3.

[17] 李学军，田雪，孟晓林，等.水产硕士研究生卓越师资队伍建设探讨[J]. 河南水产，2019（5）：3.

[18] 章丽萍，葛盈辉，徐敏娜.探索研究生导师队伍建设的新途径——浙江大学"求是导师学校"的实践和体会[J]. 学位与研究生教育，2011（3）：2.

[19] 邵亿彤，蓝劲松.我国研究生导师队伍建设：基于"工具—要素—时间"的政策分析[J]. 煤炭高等教育，2023（5）.

[20] 时艳芳.改革开放以来研究生导师队伍建设政策工具选择与运用的研究[J]. 学位与研究生教育，2022（4）：8.

[21] 顾丽娜，朱佳雷，何芳，等.立德树人视角下的导师队伍建设——以天津大学为例的实践与思考[J]. 天津大学学报:社会科学版，2023，25（4）：329-335.

[22] 顾明远.人工智能时代的教育挑战[J]. 创新人才教育，2019（4）：1.

[23] 杨雷，邓启刚，沙伟，等. 新时期研究生导师队伍建设探索[J]. 教育探索，2013（2）：2.

[24] 谢维和. 教师尊严的教育基础——谈教师怎样才能得到学生的尊重和敬仰[J]. 人民教育，2016（2）：5.

[25] LIANG W, LIU S, ZHAO C . Impact of student-supervisor relationship on postgraduate students' subjective well-being: a study based on longitudinal data in China[J]. Higher Education, 2021(1).

[26] 薛天祥. 研究生教育学[M]. 桂林：广西师范大学出版社，2004.

[27] WUBBELS T, BREKELMANS M, BROK P D, et al.An interpersonal perspective on classroom management in secondary classrooms in the Netherlands[J]. Journal of Pediatric Surgery, 2006, 8(3): 452-452. DOI: 10. 1016/0022-3468(73)90157-7.

[28] 宋晓平，梅红. 博士生培养过程中师生互动关系研究——基于博士研究生的视角[J]. 中国高教研究，2012（8）：50-54.

[29] 刘志，马天娇. 和谐导生关系如何构建？——基于深度访谈的分析[J]. 学位与研究生教育，2021（10）：8.

[30] 宋成. 研究生教育中的导学关系：影响因素与对策构建[J]. 学位与研究生教育，2021（3）：6.

[31] 王禹超. 研究型大学科研创新能力评价指标体系研究[D]. 武汉：华中师范大学，2024.

[32] 柳瑛，王宇航，苏丽锋. 研究生创新能力培养模式的比较分析：自主式还是参与式？——基于 X 大学的实证研究[J]. 社会科学家，2020（5）：6.

[33] 苌庆辉. 研究生创新能力培养的真谛是什么？——以费孝通的学术成长历程为例[J]. 学位与研究生教育，2011（5）：6.

[34] 潘炳如，顾建民. 在培养过程中影响研究生创新能力的因素有哪些[J]. 江苏高教，2022（2）：74-81.

[35] 苏俊宏，徐均琪，吴慎将，等. 科研赋能教学模式下研究生创新能力培养的探索与实践[J]. 学位与研究生教育，2021，2（6）.

[36] 杨惠洁.上海全日制艺术硕士（艺术设计）研究生专业实践能力培养及影响因素研究[D].上海：华东师范大学，2022.

[37] 黄飞，刘心报，吴红斌，等.专业学位研究生实践创新能力培养模式的探索与实践[J].学位与研究生教育，2024（4）.

[38] 曹雷，才德昊.全过程与系统化：专业学位研究生实践能力提升的有效路径探析[J].中国高教研究，2018（1）：6.

[39] 刘润泽，马万里，樊文强.产教融合对专业学位研究生实践能力影响的路径分析[J].中国高教研究，2021（3）：89-94.

[40] 国务院办公厅.国务院办公厅关于深化产教融合的若干意见：国办发〔2017〕95号[EB/OL]. (2017-12-05). http://www.moe.gov.cn/jyb_xxgk/moe_1777/moe_1778/201712/t20171219_321953.html.

[41] 教育评价 [EB/OL].（2024-11-02）. https://baike.so.com/doc/1099371-32332668.html .

[42] 金云志.硕士研究生培养质量评价体系研究[D].南昌：江西师范大学，2024.

[43] 李云巧.校友视角的高校人才培养质量评价指标体系构建研究[D].昆明：云南大学，2020.

[44] 石华敏.高等工程教育人才培养质量评价体系的构建研究[D].哈尔滨：哈尔滨理工大学，2024.

[45] 夏丽萍.教育经济效益论的理性思考[J].云南社会科学，2004（5）：65-68.

[46] 杜双云.校企合作创新人才培养质量评价体系建构研究[OL].[2025-04-01].

[47] 陈玉琨.教育评价学[M].北京：人民教育出版社，1999.

[48] 魏林红，牟健，魏中许.国外民航特色型大学办学特点及其启示[J].中国民航飞行学院学报，2022，33（5）：41-44.